Teams 365

Beatriz Coronado García

ic editorial

Teams 365
© Beatriz Coronado García

1ª Edición

© IC Editorial, 2026

Editado por: IC Editorial
c/ Cueva de Viera, 2, Local 3
Centro Negocios CADI
29200 Antequera (Málaga)
Teléfono: 952 70 60 04
Fax: 952 84 55 03
Correo electrónico: iceditorial@iceditorial.com
Internet: www.iceditorial.com

ISBN: 979-13-7027-120-6
Depósito Legal: MA 69-2026

Impresión: PODiPrint
Impreso en Andalucía – España

Nota de la editorial: IC Editorial pertenece a Innovación y Cualificación S. L.

Índice

OBJETIVOS GENERALES

Los objetivos generales del título **Teams 365,** son los siguientes:

- ⮞ Conocer el entorno de trabajo y la configuración de Teams.
- ⮞ Crear y gestionar usuarios, equipos y canales.
- ⮞ Usar chats (individuales y grupales), menciones y notificaciones para la comunicación.
- ⮞ Organizar y gestionar reuniones, videollamadas y eventos en directo.
- ⮞ Compartir y colaborar en documentos en tiempo real.
- ⮞ Utilizar aplicaciones y conectores integrados (*Outlook, OneNote, Planner,* etc.).
- ⮞ Automatizar tareas con herramientas de productividad.
- ⮞ Grabar, exportar y compartir contenido.

Primeros pasos en Microsoft Teams: entorno, usuarios y estructura

Contenido

Objetivos

Los objetivos generales de esta Unidad de Aprendizaje son:

→ Conocer el entorno de trabajo y la configuración de Teams.

→ Crear y gestionar usuarios, equipos y canales.

Los objetivos específicos de esta Unidad de Aprendizaje son:

→ Conocer el entorno de trabajo de Teams.

→ Configurar la herramienta de forma inicial.

→ Crear usuarios en la plataforma.

→ Gestionar usuarios, equipos y canales.

1. Introducción

Microsoft Teams se ha convertido en una de las herramientas más utilizadas para la colaboración en entornos laborales y educativos. Centraliza chats, reuniones, archivos y aplicaciones en un mismo espacio, permitiendo a los equipos trabajar de forma conectada y organizada. Su entorno combina comunicación en tiempo real con gestión documental y planificación, lo que lo convierte en un recurso esencial para la productividad moderna.

En esta unidad exploraremos el entorno de trabajo de Teams, desde su configuración inicial hasta la creación y gestión de usuarios, equipos y canales. Conoceremos cómo se estructura la aplicación, cómo se ajusta para cada necesidad y cómo se organizan los espacios colaborativos que permiten a grupos grandes y pequeños coordinarse de manera efectiva.

A lo largo de esta unidad seguiremos a Mikel y Belinda, responsables de un proyecto educativo *online*. Ambos se enfrentan al reto de coordinar a profesores, alumnos y personal administrativo dentro de un único espacio digital. Mikel, más enfocado en la parte técnica, comienza configurando la herramienta y creando los usuarios iniciales. Belinda, orientada a la comunicación y la gestión de contenidos, organiza equipos y canales para que cada grupo tenga su propio espacio de trabajo. Juntos aprenderán a transformar Teams en el centro neurálgico de su proyecto, asegurando que todos los participantes trabajen de forma alineada y con acceso a la información que necesitan.

2. Conociendo el entorno de trabajo de Teams

☞ **HILO CONDUCTOR**

Mikel y Belinda acceden por primera vez a Teams desde sus ordenadores. Al principio, la interfaz les resulta un poco abrumadora, con tantas pestañas y menús, pero pronto descubren que todo tiene un orden. Exploran la barra lateral con chats, equipos y calendario, y se dan cuenta de que Teams reúne en un mismo lugar todo lo que antes gestionaban en varias aplicaciones distintas. Para Belinda, que debe coordinar la comunicación con decenas de profesores, resulta un alivio saber que podrá centralizarlo todo en un solo entorno.

Microsoft Teams es una plataforma de colaboración en línea desarrollada por *Microsoft* e integrada dentro del ecosistema de *Microsoft 365.* Su objetivo principal es reunir en un solo espacio todas las herramientas necesarias para la comunicación y el trabajo en equipo, evitando la dispersión de tareas en diferentes aplicaciones.

Con Teams, los usuarios pueden chatear, realizar videollamadas, organizar reuniones, compartir documentos y coordinar proyectos en tiempo real.

 **NOTA**

Microsoft Teams es una aplicación que sirve como punto de encuentro digital para trabajar en equipo.

Lo más útil de Teams es que evita la dispersión de la información. En lugar de tener correos electrónicos en un lado, documentos en otro y conversaciones en diferentes aplicaciones, Teams lo centraliza todo.

También se integra con otras herramientas de *Microsoft 365.* Esto significa que un documento puede abrirse, editarse y compartirse directamente desde Teams, asegurando que todos vean la última versión.

Además, Teams puede usarse en una pequeña empresa, en una gran corporación, en un colegio o incluso en asociaciones que necesitan coordinar actividades. Facilita trabajar con personas externas, como clientes o proveedores, dándoles acceso controlado a la información necesaria.

Entre las principales ventajas de utilizar Microsoft Teams en cualquier organización destacan las siguientes:

⊃ **Evita la dispersión de la información:**

- ◑ Antes: correos por un lado, documentos por otro, conversaciones en distintas *apps*.
- ◑ Con Teams: todo centralizado en un único lugar.
- ◑ Resultado: el equipo accede a chats, archivos y tareas sin cambiar de aplicación.

⊃ **Se integra con *Microsoft 365:***

  ◑ Funciona con Word, Excel, PowerPoint, OneNote, Outlook y Planner.
  ◑ Permite abrir, editar y compartir documentos directamente en Teams.
  ◑ Siempre se trabaja sobre la última versión.
  ◑ Además, admite aplicaciones externas para ampliar funciones.

⊃ **Se adapta a cualquier contexto:**

  ◑ Permite su uso en pequeñas empresas, grandes corporaciones, colegios o asociaciones.
  ◑ Facilita colaborar con personas externas (clientes o proveedores).
  ◑ Ofrece accesos controlados para mantener la seguridad de la información.

La interfaz de Microsoft Teams se organiza en diferentes áreas que permiten al usuario acceder de manera rápida a chats, equipos, reuniones y aplicaciones.

Acceso a la aplicación de Microsoft Teams

2.1. Barra lateral izquierda

Contiene los accesos principales. Es el menú principal desde el que se accede a las funciones más usadas:

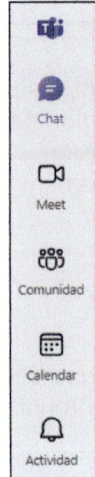

La barra lateral, en la versión personal de Microsoft Teams, permite acceder rápidamente a funciones básicas como chat, reuniones, comunidades, calendario y notificaciones de actividad.

En la barra lateral de Microsoft Teams se agrupan las funciones que permiten comunicarse, organizarse y colaborar de manera sencilla. A continuación, se presentan las secciones disponibles:

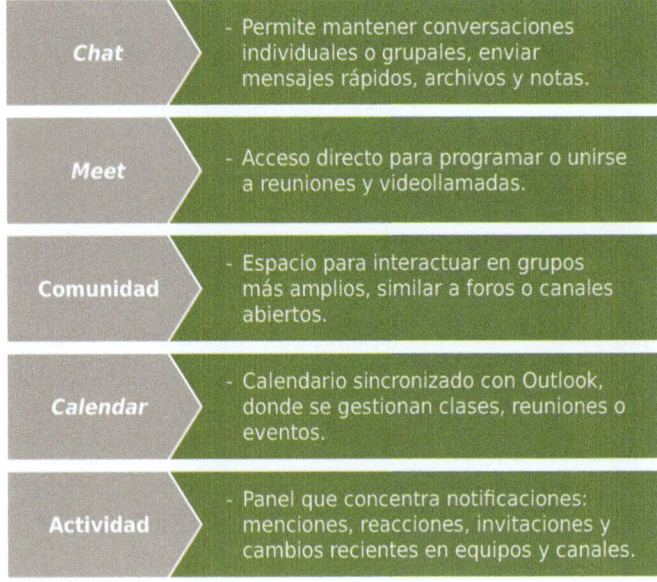

Chat - Permite mantener conversaciones individuales o grupales, enviar mensajes rápidos, archivos y notas.

Meet - Acceso directo para programar o unirse a reuniones y videollamadas.

Comunidad - Espacio para interactuar en grupos más amplios, similar a foros o canales abiertos.

Calendar - Calendario sincronizado con Outlook, donde se gestionan clases, reuniones o eventos.

Actividad - Panel que concentra notificaciones: menciones, reacciones, invitaciones y cambios recientes en equipos y canales.

2.2. Zona central

Muestra el contenido de la pestaña seleccionada. Por ejemplo, la siguiente captura de pantalla está mostrando el espacio correspondiente a la sección *Chat:*

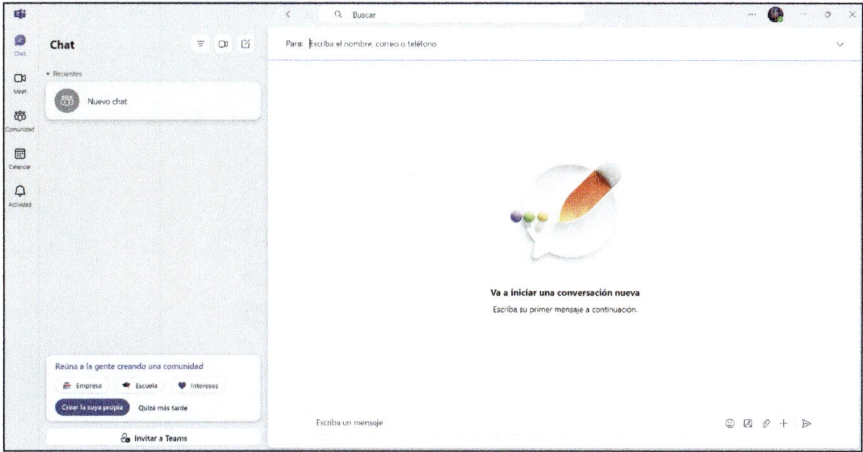

El chat de Microsoft Teams permite iniciar conversaciones instantáneas con contactos de la organización o externos, facilitando la comunicación en tiempo real.

2.3. Barra superior

Incluye la búsqueda inteligente, que permite localizar mensajes, contactos, comandos o archivos en toda la organización.

La barra superior de Teams incorpora un buscador inteligente.

2.4. Menú de configuración

Se despliega al pulsar el icono de tres puntos (⋯) en la barra superior.

Este menú ofrece accesos rápidos a varias funciones:

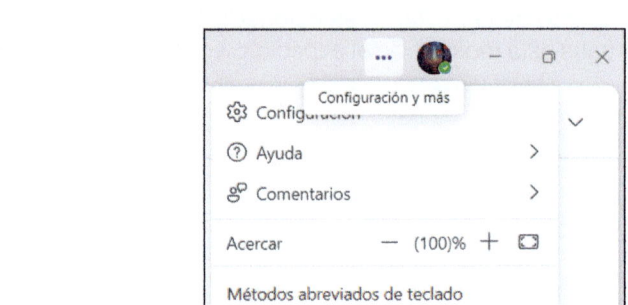

*El menú **Configuración y más** de Teams concentra accesos rápidos para ajustar la aplicación, obtener ayuda, enviar comentarios y explorar funciones adicionales.*

A continuación, puedes ver las funciones de la sección de configuración:

- **Configuración.** Abre todas las opciones de personalización: notificaciones, dispositivos de audio y vídeo, idioma, tema visual, accesibilidad, etc.
- **Ayuda.** Da acceso a tutoriales, preguntas frecuentes y soporte oficial de *Microsoft*.
- **Comentarios.** Permite enviar sugerencias o reportar problemas directamente a *Microsoft*.
- **Acercar.** Opción para ajustar el *zoom* de la interfaz (reducir, aumentar o restablecer).
- **Métodos abreviados de teclado.** Listado de atajos que agilizan el uso de Teams (p. ej. [Ctrl] + [E] para buscar, o [Ctrl] + [Shift] + [M] para silenciar micrófono).
- **Ventajas *Premium*.** Apartado para acceder a funciones avanzadas disponibles solo con suscripción *premium*.
- **Programa *Insider* de Teams (nuevo).** Opción para unirse al programa que permite probar funciones experimentales antes de su lanzamiento general.
- **Iniciar sesión en el teléfono (nuevo).** Facilita vincular Teams en el móvil mediante código QR.
- **Descargar la aplicación móvil (nuevo).** Enlace directo para instalar Teams en *iOS* o *Android*.

2.5. Menú de perfil de usuario

Aparece al hacer clic en la foto de perfil en la barra superior.

Este menú permite gestionar la identidad y el estado del usuario dentro de la aplicación.

SABÍAS QUE...

Teams se puede usar como aplicación de escritorio *(Windows/macOS),* como aplicación móvil *(iOS/Android)* o en navegador web. Todas ofrecen una experiencia similar, aunque la versión de escritorio es la más completa.

ACTIVIDAD COMPLEMENTARIA

1. Descarga la versión gratuita y acceder a Microsoft Teams desde tu ordenador o móvil para explorar su interfaz. Además, responde a las siguientes cuestiones:

- ¿Qué se puede hacer desde la barra lateral izquierda?
- ¿Qué muestra la zona central?
- ¿Qué utilidad tiene la barra superior?

3. Configuración inicial de la herramienta

HILO CONDUCTOR

Antes de invitar a nadie más, Mikel propone dedicar un rato a configurar bien la herramienta. Ajustan las notificaciones para no saturarse de avisos, eligen el tema oscuro para trabajar cómodamente y comprueban que el micrófono y la

Continúa en página siguiente >>

<< Viene de página anterior

cámara funcionan correctamente para futuras reuniones. Además, sincronizan su calendario de *Outlook,* de modo que todas las clases y tutorías aparecerán directamente en Teams. Esta preparación inicial les da la tranquilidad de que, cuando empiecen a trabajar con más usuarios, la experiencia será fluida y sin interrupciones.

- -

Antes de empezar a trabajar con Teams, es recomendable ajustar la configuración para personalizar la experiencia; veámoslo a continuación.

3.1. Cuenta y perfil

Desde el icono del usuario, en la parte superior derecha, se pueden gestionar los datos personales:

Cambiar foto de perfil

Esto facilitará que los demás te identifiquen fácilmente.

Modificar el estado

Disponible, Ocupado, No molestar, Ausente, Desconectado.

Definir un mensaje de estado personalizado

Resulta útil para indicar disponibilidad o avisos ("En una reunión hasta las 12:00").

Editar

Modificar el nombre visible o la información de contacto vinculada a la cuenta.

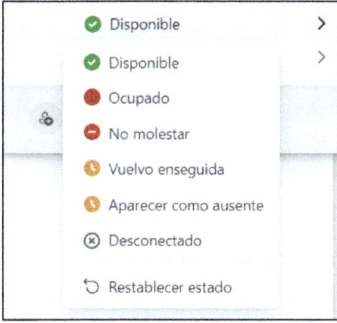

*En Microsoft Teams es posible modificar
el estado para informar a los demás de
la disponibilidad: Disponible, Ocupado o
No molestar, entre otras opciones.*

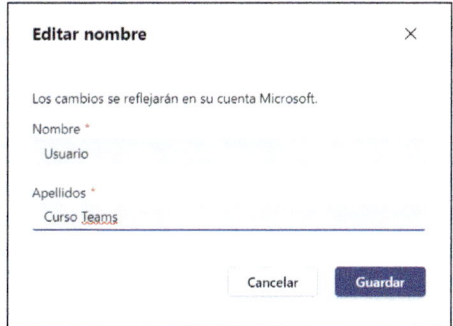

*Microsoft Teams permite editar el nombre del perfil
para personalizar la cuenta y facilitar la identificación
en reuniones y chats.*

3.2. Ajustes generales

En el menú **Configuración → General** se pueden definir aspectos básicos
de uso:

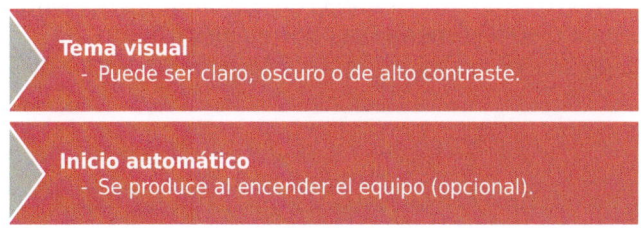

Continúa en página siguiente >>

<< Viene de página anterior

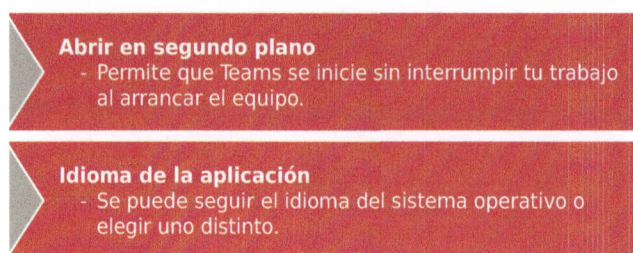

Abrir en segundo plano
- Permite que Teams se inicie sin interrumpir tu trabajo al arrancar el equipo.

Idioma de la aplicación
- Se puede seguir el idioma del sistema operativo o elegir uno distinto.

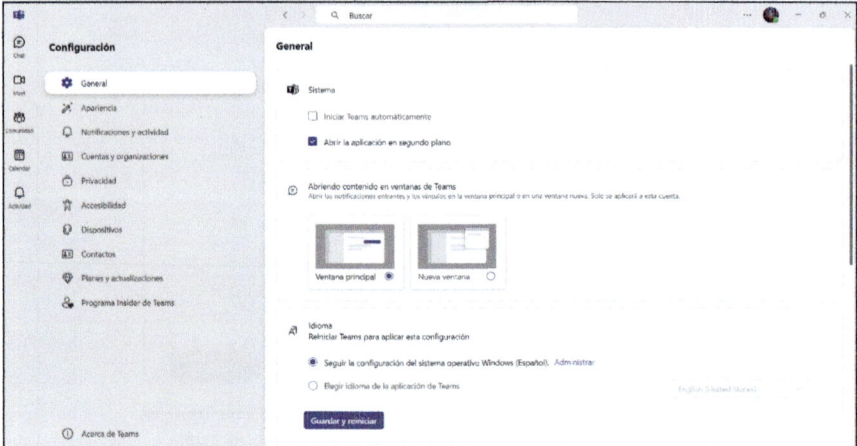

En el apartado de configuración general de Teams es posible personalizar opciones como el inicio automático, la apertura en segundo plano, el modo de ventanas y el idioma de la aplicación.

3.3. Notificaciones

En **Configuración → Notificaciones** y actividad se gestionan los avisos:

➲ Activar o desactivar **ventanas emergentes** en el escritorio.
➲ Recibir o no **resúmenes por correo electrónico.**
➲ Elegir si se quiere recibir notificaciones **solo dentro de Teams.**

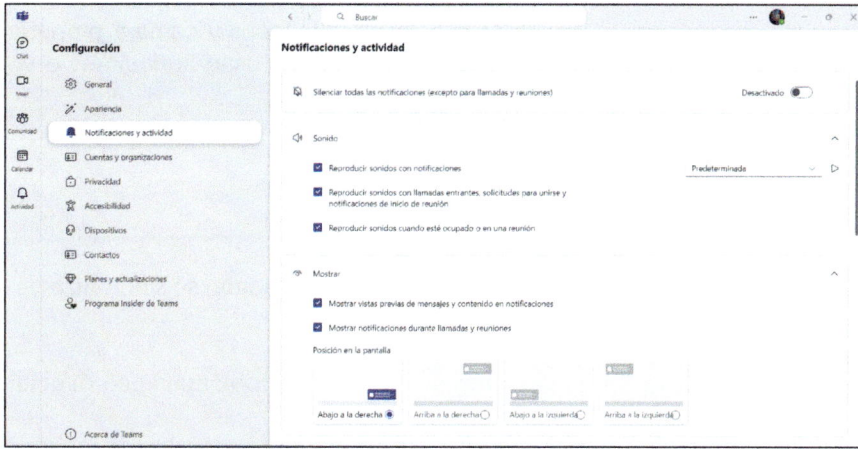

Teams permite personalizar las notificaciones ajustando sonidos, vistas previas y la posición en pantalla, lo que ayuda a gestionar mejor la información durante llamadas y reuniones.

3.4. Dispositivos

En **Configuración → Dispositivos** se seleccionan los periféricos que se usarán en las videollamadas:

- **Micrófono y altavoces** (especialmente si se emplean auriculares)
- **Cámara predeterminada** para las reuniones
- Posibilidad de **probar la calidad de audio y vídeo** antes de una llamada

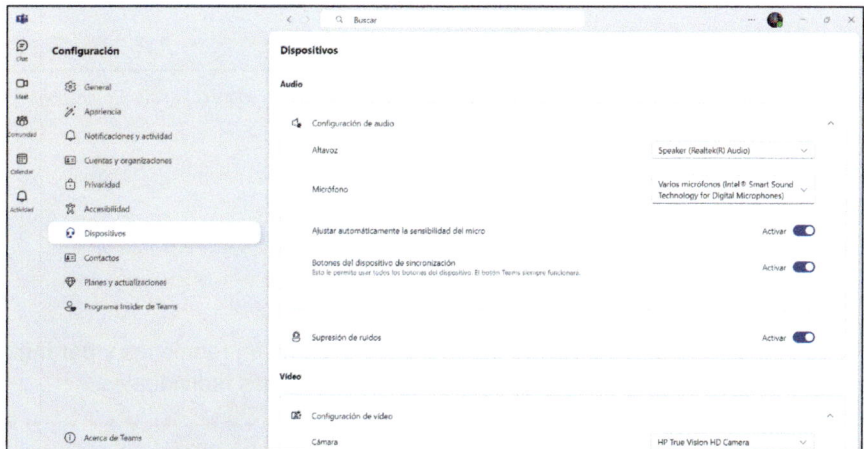

La configuración de dispositivos en Teams permite seleccionar y ajustar micrófono, altavoces y cámara, garantizando una mejor calidad en las reuniones virtuales.

[19]

Se recomienda seleccionar micrófono, altavoces y cámara predetermina-
dos para videollamadas, especialmente si se usan auriculares o equipos
externos.

3.5. Calendario y reuniones

Si la cuenta está vinculada a *Outlook,* el calendario se sincroniza de forma
automática:

➲ Las citas y reuniones programadas en *Outlook* aparecen directamente
en Teams.
➲ Permite evitar duplicidades y tener siempre actualizada la agenda en
ambas aplicaciones.

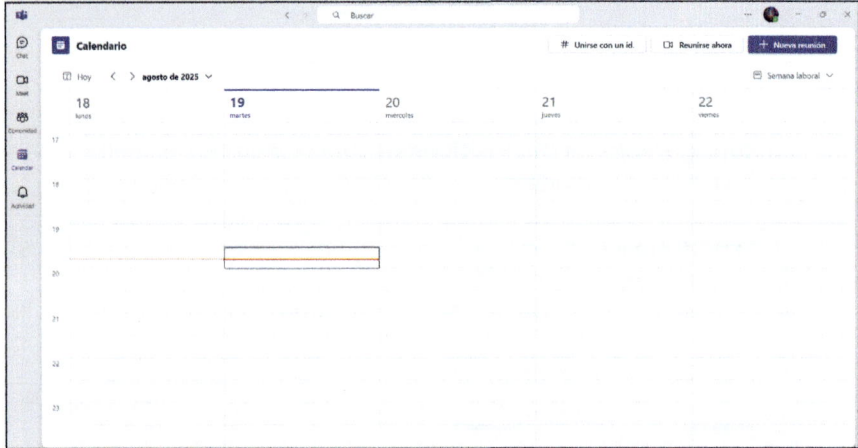

*El calendario de Teams permite programar reuniones, sincronizar eventos con Outlook y gestionar
la agenda de forma integrada en la plataforma.*

 **IMPORTANTE**

Una buena configuración inicial evita problemas en reuniones y garantiza una
experiencia de usuario adaptada a las necesidades individuales.

A continuación, se explica cómo Mikel y Belinda han hecho la personalización que se expone en el hilo conductor:

- **Ajustar notificaciones.** Lo primero que hicieron fue entrar en **Configuración → Notificaciones y actividad.** Allí redujeron los avisos menos importantes para no saturarse, dejando solo las menciones y respuestas directas como notificación emergente. Así, se aseguraron de estar al tanto de lo esencial, pero sin distraerse con cada reacción.
- **Elegir el tema oscuro.** Después, fueron a **Configuración → Apariencia** y activaron el tema oscuro, que es más cómodo para largas horas de trabajo. Belinda, que pasa mucho tiempo revisando documentos, agradeció especialmente este cambio.
- **Comprobar micrófono y cámara.** En **Configuración → Dispositivos,** Mikel probó los auriculares y ajustó el micrófono, además de verificar la cámara con la vista previa. Incluso hicieron una llamada de prueba para confirmar que se les escuchaba y se les veía bien antes de empezar a organizar reuniones con el resto del equipo.
- **Sincronizar calendario con *Outlook.*** Comprobaron que su calendario de *Outlook* estaba vinculado a Teams. Al hacerlo, todas las tutorías y clases aparecieron directamente en la sección ***Calendario,*** con lo que se evitó la duplicación de citas. De esta manera, cada vez que programen una reunión en *Outlook,* esta se reflejará de inmediato en Teams.

 **APLICACIÓN PRÁCTICA**

Antes de comenzar a trabajar en Microsoft Teams, es recomendable realizar una configuración inicial que permita adaptar la herramienta a cada usuario. Esto incluye ajustes en el perfil, notificaciones, dispositivos y calendario.

¿Cuál es la importancia de la configuración inicial en Teams?

Solución

La configuración inicial de Teams permite personalizar la experiencia del usuario. Ajustar el perfil, las notificaciones, los dispositivos y el calendario garantiza que la comunicación y las reuniones funcionen sin problemas. Por eso es la respuesta correcta.

TAREA 1

Mikel y Belinda van a empezar a usar Microsoft Teams en su proyecto educativo. Antes de invitar al resto del equipo, deciden dedicar unos minutos a configurar la herramienta para trabajar de forma cómoda y ordenada.

Tu tarea es ayudarlos a completar la configuración inicial siguiendo estos puntos:

a. Cuenta y perfil: cambia la foto de perfil, establece el estado **Disponible** y escribe un mensaje personalizado: "En reunión hasta las 12:00".
b. Ajustes generales: activa el tema oscuro.
c. Dispositivos: selecciona auriculares como micrófono y altavoces, y prueba la cámara.

4. Creación y gestión de usuarios

☞ HILO CONDUCTOR

Con la base lista, llega el momento de dar acceso al resto del equipo. Mikel se encarga de crear las cuentas de los profesores y alumnos, asignando permisos diferentes según el rol de cada uno: algunos serán propietarios de equipos y, otros, simplemente miembros. Belinda, por su parte, redacta un pequeño documento de bienvenida con las normas básicas de uso, que se compartirá automáticamente con cada nuevo usuario. De este modo, todos sabrán cómo comunicarse, dónde guardar materiales y qué hacer en caso de dudas.

La gestión de usuarios en Teams está directamente vinculada a *Microsoft Entra ID* (antes *Azure Active Directory)*, que centraliza las cuentas de la organización. A través de esta integración, se puede controlar quién entra, qué permisos tiene y qué información puede consultar.

Existen distintas formas de **crear usuarios** en Teams:

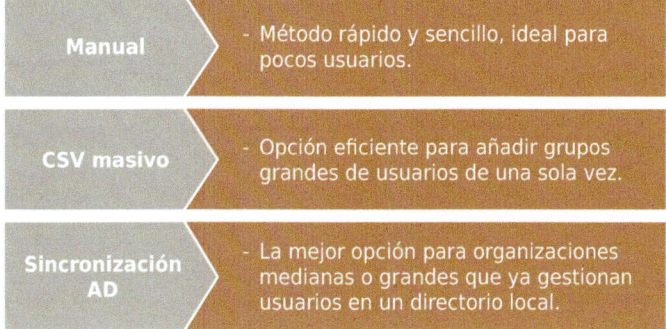

Manual	- Método rápido y sencillo, ideal para pocos usuarios.
CSV masivo	- Opción eficiente para añadir grupos grandes de usuarios de una sola vez.
Sincronización AD	- La mejor opción para organizaciones medianas o grandes que ya gestionan usuarios en un directorio local.

4.1. Creación manual

Se realiza desde el **Centro de administración** de *Microsoft 365,* añadiendo el correo del usuario y asignándole licencia y rol.

Es el método más habitual cuando solo se van a añadir unos pocos usuarios.

Los pasos a seguir son los siguientes:

1. Accede al **Centro de administración** de *Microsoft 365:*

https://redirectoronline.com/teams0101

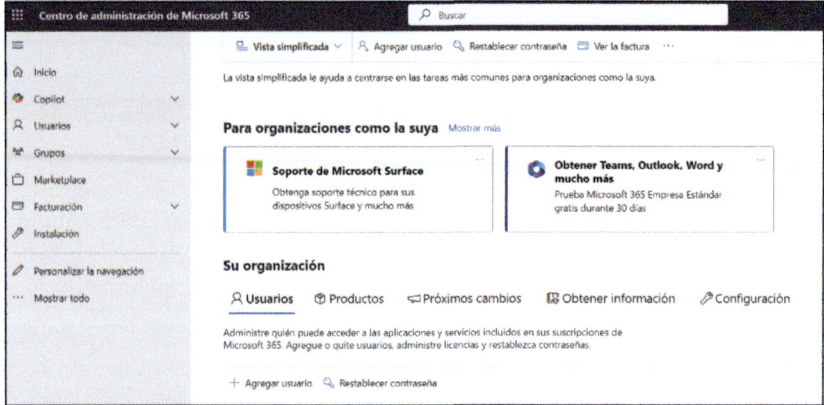

2. En el menú lateral, entra en **Usuarios → Usuarios activos.**

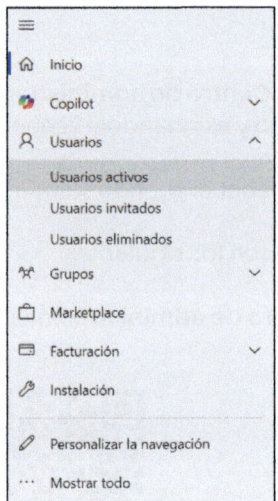

3. Pulsa **Agregar usuario:**

4. Completa la información:

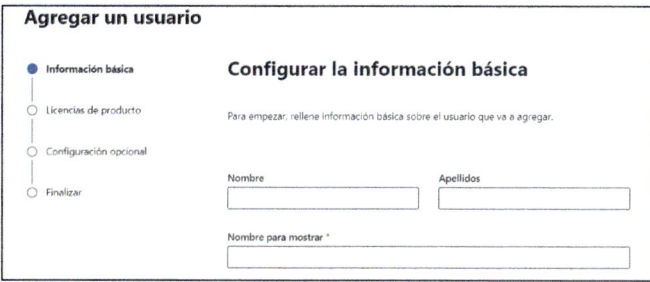

- Nombre y apellidos
- Nombre de usuario (este será su correo en la organización)
- Contraseña inicial (puedes forzar que la cambien en el primer inicio de sesión)

5. En **Licencias de producto,** asigna una que incluya Teams. Por ejemplo:

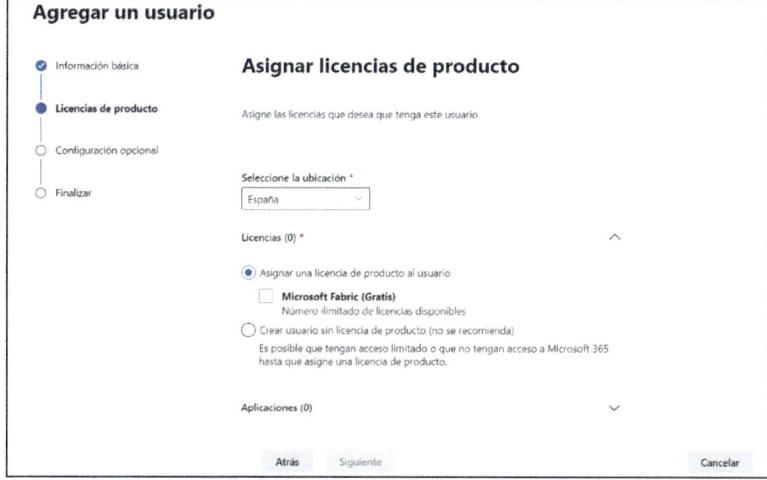

6. Define el rol del usuario:

⟲ Usuario estándar

⟲ Administrador de Teams u otros roles globales, si corresponde

7. Pulsa **Finalizar** y **Agregar.**

Una vez creado, el usuario recibirá un correo de bienvenida con sus credenciales.

4.2. Importación masiva

Se realiza mediante archivos CSV, lo que resulta muy útil en organizaciones con decenas o cientos de usuarios.

Es ideal para añadir decenas o cientos de usuarios de golpe (por ejemplo, una clase entera o una plantilla de empleados).

Los pasos a seguir son los siguientes:

1. Ve al **Centro de administración** de *Microsoft 365.*
2. Menú lateral: **Usuarios → Usuarios activos.**
3. Pulsa en **Agregar varios usuarios:**

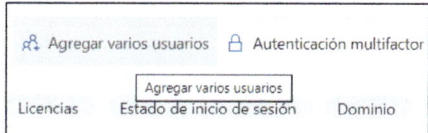

4. Descarga la plantilla CSV proporcionada por *Microsoft:*

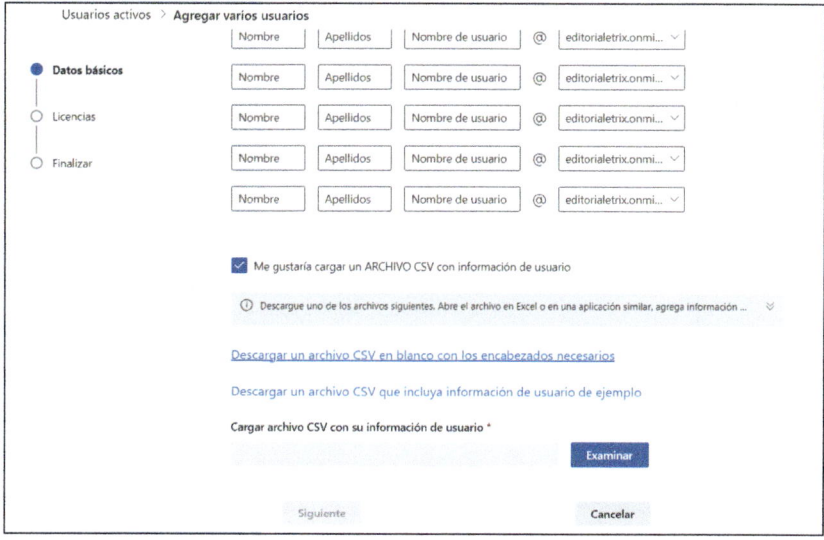

Microsoft 365 facilita la importación masiva de usuarios mediante una plantilla CSV descargable.

Al descargar la plantilla CSV, se obtiene un archivo base que permite organizar la información de los usuarios antes de importarla a *Microsoft 365:*

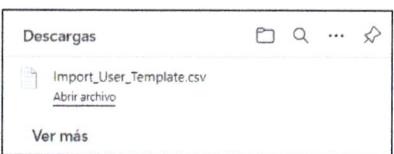

1. Rellena el archivo con la información de cada usuario.
2. Vuelve al portal y carga el archivo CSV.
3. Confirma que la información es correcta y pulsa **Agregar usuarios.**

Todos los usuarios recibirán sus credenciales por correo electrónico (o podrás exportarlas para distribuirlas manualmente).

4.3. Sincronización

Se realiza a través de la conexión con un directorio local de la empresa *(Active Directory),* lo que permite heredar los usuarios ya creados en la red corporativa.

Este método se utiliza en empresas que ya gestionan usuarios en un *Active Directory* local y que quieren que esos mismos usuarios tengan acceso a Teams.

Los pasos a seguir son los siguientes:

1. Descarga e instala la herramienta *Microsoft Entra Connect* (antes *Azure AD Connect)* en el servidor de *Active Directory* de tu organización.

Microsoft Entra Connect permite sincronizar identidades locales con Microsoft 365, facilitando la gestión unificada de usuarios y accesos.

2. Durante la configuración, elige el modo de sincronización de identidades:

   ♻ *Password hash sync* (PHS): sincroniza contraseñas del AD local con *Entra ID.*
   ♻ *Pass-through authentication* (PTA): valida las credenciales directamente contra el AD local.
   ♻ Federación (ADFS): delega la autenticación en un sistema federado (más complejo).

3. Selecciona las unidades organizativas (OU) del AD local que quieres sincronizar.
4. Configura la sincronización periódica (normalmente cada 30 minutos).
5. Verifica en **Centro de administración** → **Usuarios activos** que los usuarios se han replicado correctamente.

6. Asigna licencias de *Microsoft 365* a los usuarios sincronizados para que tengan acceso a Teams.

Este método garantiza que, cuando un usuario se cree, modifique o elimine en el *Active Directory* local, los cambios se reflejen automáticamente en *Microsoft 365*.

En cuanto a la **gestión de usuarios,** las principales tareas son:

➲ **Asignar roles:**

  ◑ Miembro: es el uso básico dentro de los equipos.
  ◑ Propietario: tiene la capacidad de administrar usuarios, canales y permisos.
  ◑ Administrador: tiene acceso a la configuración avanzada en *Microsoft 365*.

➲ **Configurar licencias:**

  ◑ Teams está incluido en la mayoría de planes de *Microsoft 365 (Business, Enterprise y Education),* por lo que cada usuario necesita una licencia activa.

➲ **Controlar la seguridad:**

  ◑ Habilitando la autenticación multifactor (MFA), restableciendo contraseñas en caso de necesidad o bloqueando accesos sospechosos.

 **NOTA**

La autenticación multifactor (MFA) es un sistema de seguridad que requiere al usuario dos o más formas de verificación para acceder a una cuenta o aplicación. En lugar de depender solo de la contraseña (algo que el usuario sabe), se añade al menos otro factor, como un código temporal en el móvil, una notificación en una *app* de autenticación, una huella dactilar o el reconocimiento facial (algo que el usuario tiene o es). Con ello, se dificulta que un atacante acceda a la cuenta incluso si consigue la contraseña, ya que necesitaría también el segundo factor. En Microsoft Teams y *Microsoft 365,* activar MFA es una de las medidas más efectivas para proteger la información de la organización frente a accesos no autorizados.

En Microsoft Teams la autenticación multifactor (MFA) no se activa directamente desde la aplicación, sino desde la administración de *Microsoft 365/ Microsoft Entra ID* (antes *Azure AD*). Teams hereda esta configuración porque las cuentas de usuario están centralizadas allí.

A continuación, se explica paso a paso cómo activarla:

1. Acceder al portal de administración:
   - Ve a Microsoft Entra admin center (antes portal de Azure AD).
   - Inicia sesión con una cuenta de administrador global.
2. Ir a Usuarios:
   - En el panel lateral, selecciona **Usuarios.**
   - Pulsa en **Todos los usuarios.**
3. Configurar autenticación multifactor:
   - En la parte superior, selecciona **Autenticación multifactor:**

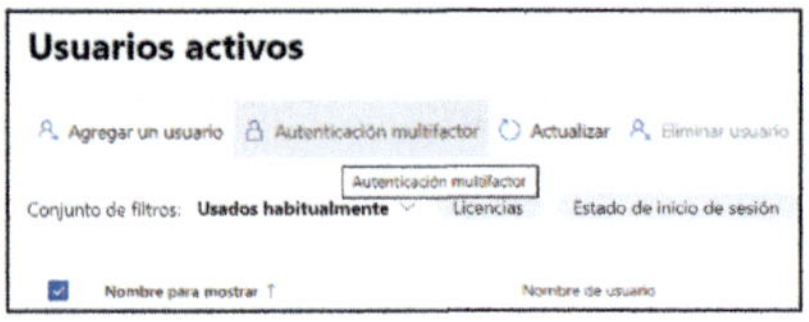

   - Esto abrirá la configuración de MFA en una nueva pestaña.
4. Elegir usuarios o grupos:
   - Marca los usuarios a los que quieras activar MFA:

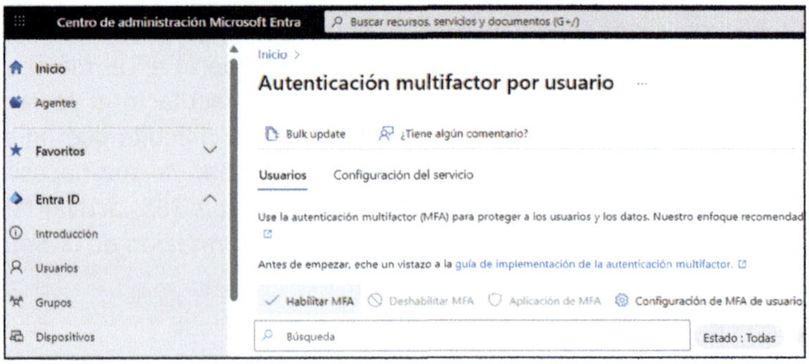

◑ Pulsa en **Habilitar:**

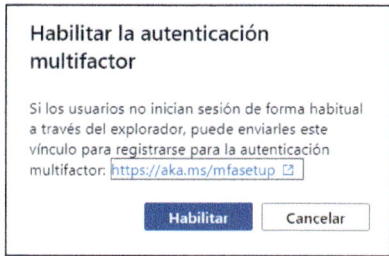

◑ Confirma en la ventana emergente.

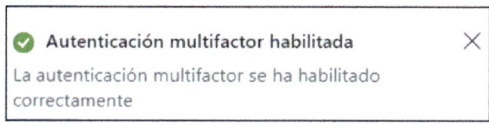

*La confirmación indica que la autenticación multifactor
(MFA) ha sido activada con éxito en la cuenta de
Microsoft 365.*

Por defecto, *Microsoft* permite varios **métodos de verificación:**

➲ Aplicación *Microsoft Authenticator* (recomendada, con notificaciones o
códigos temporales)
➲ Código por SMS
➲ Llamada telefónica
➲ Llaves de seguridad FIDO2 o biometría (para empresas con más segu-
ridad)

La próxima vez que el usuario inicie sesión en **Teams** o en cualquier aplicación de *Microsoft 365,* se le pedirá que configure el método de MFA (p. ej.
vincular la *app Authenticator* en el móvil).

A continuación, puedes ver una tabla con las buenas prácticas en la gestión
de usuarios en Microsoft Teams:

Buena práctica	Descripción	Beneficio
Crear usuarios con la mínima cantidad de permisos necesarios (principio de menor privilegio).	Asignar a cada usuario solo los permisos que realmente necesita para su función (miembro, propietario o administrador).	Se reducen riesgos de seguridad y errores derivados de accesos innecesarios.
Mantener una lista actualizada de usuarios activos.	Revisar periódicamente los usuarios de Teams y eliminar o desactivar aquellos que ya no forman parte de la organización.	Se evita que exempleados o personas no autorizadas mantengan acceso a la información.
Usar mensajes de bienvenida y guías básicas.	Preparar un documento o mensaje automático que explique las normas de uso y la estructura de Teams para los nuevos usuarios.	Facilita la integración, fomenta el buen uso de la herramienta y reduce dudas iniciales.

 ACTIVIDAD COMPLEMENTARIA

2. Imagina que eres un administrador de Microsoft Teams en tu organización y tienes que dar de alta a un nuevo profesor. Responde a las siguientes cuestiones:

- ¿Qué método de creación de usuario usarías (manual, importación masiva o sincronización) y por qué?
- ¿Qué rol le asignarías dentro de Teams (miembro, propietario o administrador)?
- ¿Qué buena práctica aplicarías para asegurar su cuenta desde el inicio?

5. Organización de equipos y canales

 **HILO CONDUCTOR**

Mikel y Belinda diseñan la estructura de trabajo. Crean un equipo principal para el proyecto educativo y, dentro de él, canales específicos para cada asignatura. Añaden un canal privado para el comité de dirección, donde solo ellos y un par de coordinadores podrán tratar temas de gestión. También activan pestañas útiles en cada canal: un bloc de notas en *OneNote*, un espacio de archivos y un *Planner* con las tareas del curso. Así, logran que cada grupo tenga su propio espacio organizado y que toda la información esté al alcance de quien la necesite.

En Microsoft Teams, un **equipo** es un espacio compartido de trabajo que agrupa personas, conversaciones, archivos y herramientas en un mismo lugar.

👁 **EJEMPLO**

Un departamento de ventas, un proyecto educativo o una clase universitaria.

Dentro de cada equipo se crean canales, que son secciones temáticas para organizar la información.

👁 **EJEMPLO**

Dentro del equipo Curso de Matemáticas 2025 puede haber un canal Exámenes, otro Tareas y otro Material de apoyo.

En la siguiente tabla vemos los tipos de equipos en Teams:

Tipo de equipo	Quién puede entrar	Uso
Privado	Solo los usuarios invitados por un propietario.	Proyectos confidenciales o grupos reducidos.
Público	Cualquier persona de la organización puede unirse.	Comunicación abierta, comunidades internas.
De toda la organización	Incluye automáticamente a todos los usuarios de la empresa/centro educativo.	Empresas pequeñas o centros donde todos deben estar conectados.

Los tipos de canales dentro de un equipo son los siguientes:

Tipo de canal	Acceso	Uso
Estándar	Visible para todos los miembros del equipo.	Conversaciones y materiales comunes.
Privado	Solo para un grupo reducido dentro del equipo.	Información confidencial (p. ej. comité de dirección).
Compartido (desde 2022)	Permite invitar a personas externas sin dar acceso al equipo completo.	Colaboración con clientes, proveedores o socios externos.

Dicho de forma sencilla:

⮑ El equipo es el "contenedor principal".
⮑ Los canales son "habitaciones" dentro de ese equipo, cada una con un tema o una finalidad distinta.

Hasta ahora hemos aprendido qué son los equipos y canales, pero ahora vamos a ver cómo se crean paso a paso en Microsoft Teams.

En la versión profesional/educativa *(Microsoft 365)* el proceso es el siguiente:

1. Abrir Teams (escritorio, web o móvil).
2. En la barra lateral izquierda, haz clic en **Equipos.**
3. En la parte inferior, pulsa **Unirse a un equipo** o **Crear un equipo.**
4. Elige **Crear un equipo.**

5. Selecciona cómo quieres crearlo:

    ○ Desde cero: empiezas de nuevo.
    ○ Desde un grupo existente de *Microsoft 365:* aprovechas un grupo de *Outlook/SharePoint* ya creado.

6. Define el tipo de equipo:

    ○ Privado: solo entran los invitados.
    ○ Público: cualquiera de la organización puede unirse.
    ○ De toda la organización: incluye automáticamente a todos los usuarios.

7. Pon un nombre al equipo y, si quieres, una descripción.
8. Agrega a los miembros iniciales y asigna roles (miembro o propietario).

Para crear un canal dentro de un equipo:

1. Ve al equipo donde quieres añadir el canal.
2. Pulsa en los tres puntos (···) junto al nombre del equipo.
3. Selecciona **Agregar canal.**
4. Escribe el nombre del canal y, opcionalmente, una descripción.
5. Elige la privacidad del canal:

    ○ Estándar: visible para todos los miembros del equipo.
    ○ Privado: solo accesible para un grupo reducido de usuarios dentro del equipo.
    ○ Compartido: puedes invitar a personas de fuera de la organización.

6. Marca si quieres que el canal aparezca automáticamente en la lista de todos los miembros.
7. Pulsa **Agregar.**

A partir de ahí, el canal aparece como una subsección dentro del equipo, con pestañas de **Conversaciones, Archivos, Bloc de notas,** *Planner,* etc. que puedes personalizar.

En la versión personal de Teams, en lugar de **Equipos** aparece **Comunidades.** Se centra en chats y grupos informales (familia, amigos, intereses).

¿Qué son las comunidades en Teams?

➲ Son espacios pensados para usos informales y personales: grupos de amigos, familias, asociaciones, clubes deportivos, voluntariado, etc.

➲ Funcionan como un grupo de chat mejorado, donde, además de conversaciones, puedes compartir archivos, fotos, organizar eventos y publicar anuncios.

➲ *Microsoft* las diseñó para competir con grupos de *WhatsApp, Telegram* o *Facebook,* pero con la ventaja de integrar calendario, videollamadas y documentos de *Office.*

Para aprovechar al máximo las comunidades en Teams, la aplicación ofrece diferentes herramientas que permiten crearlas, organizarlas y gestionarlas de manera sencilla, garantizando la privacidad de sus miembros y facilitando la planificación de actividades y eventos:

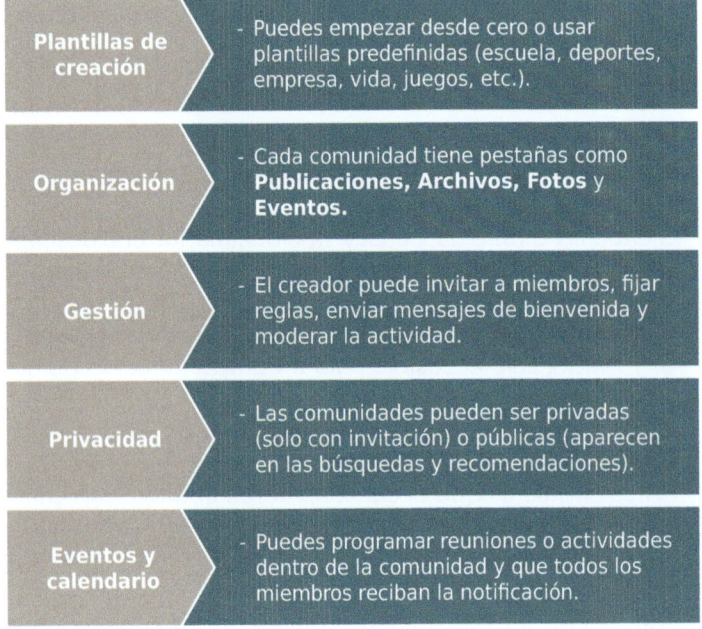

Plantillas de creación	- Puedes empezar desde cero o usar plantillas predefinidas (escuela, deportes, empresa, vida, juegos, etc.).
Organización	- Cada comunidad tiene pestañas como **Publicaciones, Archivos, Fotos** y **Eventos.**
Gestión	- El creador puede invitar a miembros, fijar reglas, enviar mensajes de bienvenida y moderar la actividad.
Privacidad	- Las comunidades pueden ser privadas (solo con invitación) o públicas (aparecen en las búsquedas y recomendaciones).
Eventos y calendario	- Puedes programar reuniones o actividades dentro de la comunidad y que todos los miembros reciban la notificación.

A continuación, veremos, paso a paso, cómo crear una comunidad en Teams:

1. Abrir la aplicación de Teams.

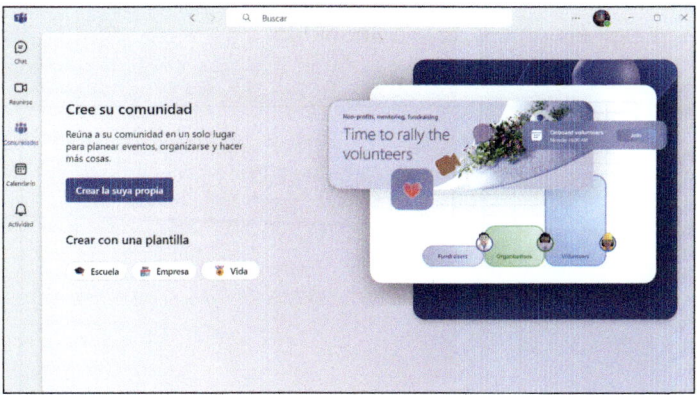

La vista Comunidades en Microsoft Teams permite crear espacios colaborativos para coordinar eventos, proyectos o actividades, tanto con plantillas prediseñadas como desde cero.

◑ Al entrar, verás el panel lateral izquierdo con las opciones: **Chat, Reunirse, Comunidades, Calendario, Actividad.**

◑ Hay que acceder al bloque **Comunidades.**

2. Seleccionar **Crear el mío propio.**

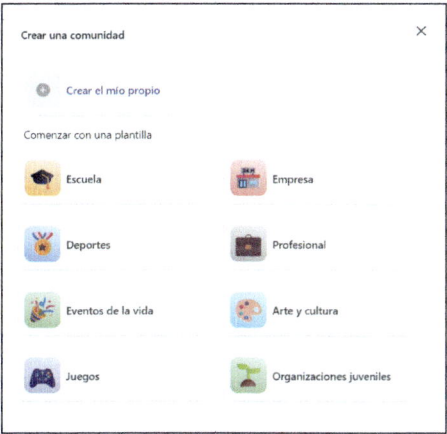

Microsoft Teams ofrece distintas plantillas para crear comunidades adaptadas a diferentes contextos, como educación, empresa, deportes o cultura.

◑ Haz clic en el botón morado **Crear el mío propio.**

◑ También puedes elegir alguna de las sugerencias rápidas, según la finalidad de la comunidad.

3. Elegir el nombre de la comunidad.

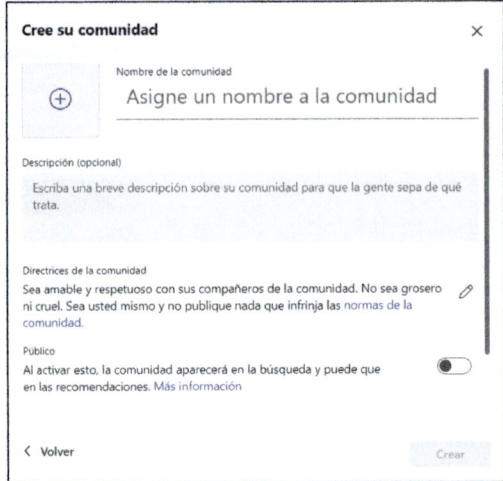

Microsoft Teams permite personalizar la creación de comunidades indicando nombre, descripción, normas de convivencia y nivel de visibilidad.

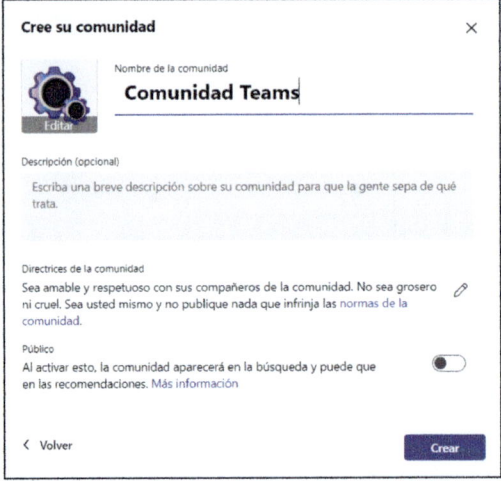

◔ Se abrirá una ventana donde debes escribir el nombre de tu comunidad (por ejemplo: "Curso de Excel", "Club de lectura", "Asociación de vecinos").

◔ Opcionalmente puedes añadir una descripción que explique la finalidad del grupo.

4. Configurar la privacidad:

◑ Decide si quieres que sea privada (solo entran los invitados) o pú-
blica (cualquiera puede unirse).
◑ Esta configuración se puede modificar más adelante.

5. Invitar a miembros:

◑ Teams te permitirá añadir miembros de dos formas:

⇕ Escribiendo sus correos electrónicos o números de teléfono.
⇕ Compartiendo un enlace de invitación que se genera automáticamente.

6. Personalizar tu comunidad:

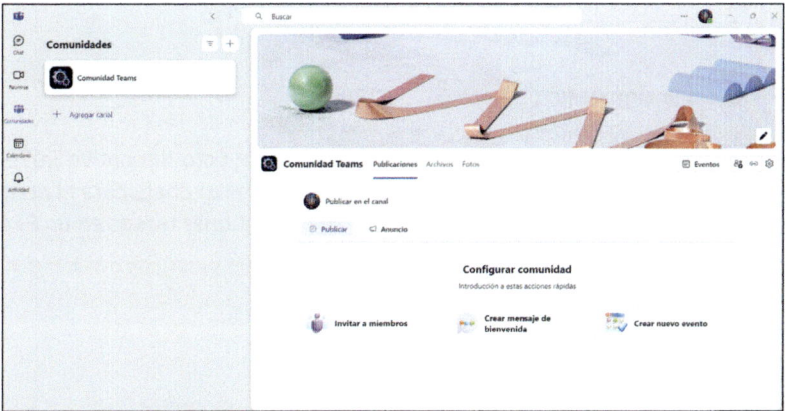

*La pantalla inicial de una comunidad en Teams permite acceder a publicaciones, archivos y fotos,
además de configurar acciones rápidas como invitar a miembros, crear un mensaje de bienvenida
o programar un evento.*

◑ Una vez creada, podrás:

⇕ Subir una imagen de perfil o logotipo.
⇕ Crear publicaciones en el tablón principal.
⇕ Compartir archivos en la pestaña **Archivos.**
⇕ Organizar actividades en la pestaña **Eventos.**
⇕ Fijar reglas o un mensaje de bienvenida (como hace Belinda en
tu hilo conductor).

APLICACIÓN PRÁCTICA

Mikel y Belinda van a arrancar un proyecto educativo en *Microsoft 365*. Quieren:

- Un equipo principal para todo el proyecto (solo personal del centro).
- Canales por asignatura visibles a todos los docentes del proyecto.
- Un canal privado para el comité de dirección (solo 4 personas).
- La posibilidad de colaborar puntualmente con externos (proveedor editorial) sin dar acceso a todo el equipo.
- En cada canal de asignatura, añadir pestañas con bloc de notas *(OneNote)*, Archivos y *Planner/Planner Hub* para tareas.

¿Cuál es la configuración más adecuada?

Solución

Sería la siguiente:

a. Crear equipo de toda la organización: "Proyecto Educativo 2025".
b. Crear un único canal estándar: "General", y usar chats para el resto de temas.
c. Compartir el bloc de notas por correo y gestionar tareas en un *Excel* adjunto.

TAREA 2

Lucía quiere organizar un grupo de lectura con sus amigos y decide usar Microsoft Teams (versión personal) en lugar de *WhatsApp*.

Tu tarea es guiar el proceso para que Lucía cree una comunidad llamada "Club de Lectura 2025", configure la privacidad como privada e invite a sus amigos mediante enlace.

----

6. Resumen

Microsoft Teams es una plataforma de colaboración que integra en un solo espacio chats, reuniones, archivos y aplicaciones, evitando la dispersión de la información. En esta primera unidad hemos explorado su entorno, la configuración inicial y la forma de organizar a los usuarios, equipos y canales para garantizar un trabajo estructurado y seguro.

La **interfaz de Teams** se organiza en distintas áreas:

- ➲ Barra lateral izquierda (con accesos a chats, equipos, calendario y más)
- ➲ Zona central (que muestra el contenido de la pestaña seleccionada)
- ➲ Barra superior (con el buscador inteligente).
- ➲ Menú de perfil (se pueden gestionar datos personales y estados de disponibilidad)

Una **configuración inicial adecuada** permite personalizar la experiencia. Se pueden modificar diversos ajustes como los siguientes:

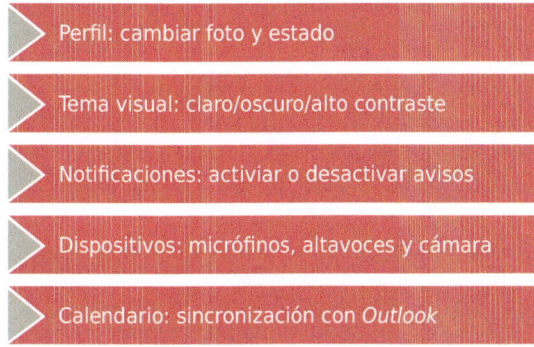

Perfil: cambiar foto y estado

Tema visual: claro/oscuro/alto contraste

Notificaciones: activiar o desactivar avisos

Dispositivos: micrófinos, altavoces y cámara

Calendario: sincronización con *Outlook*

En cuanto a la **gestión de usuarios,** Teams se apoya en *Microsoft Entra ID* (antes *Azure Active Directory).* Los usuarios pueden crearse manualmente, mediante importación masiva con archivos CSV o sincronizando con un directorio local *(Active Directory).* También es posible asignar roles, configurar licencias y reforzar la seguridad activando la autenticación multifactor (MFA).

La **organización de equipos y canales** es fundamental para estructurar la colaboración:

[41]

○ Los equipos actúan como "contenedores principales", y pueden ser privados (solo con invitación), públicos (abiertos a la organización) o de toda la organización.

○ Los canales son "habitaciones" dentro de cada equipo, y pueden ser estándar (visibles a todos), privados (solo para un grupo reducido) o compartidos (para colaborar con externos).

Esta unidad ha mostrado que un buen conocimiento del entorno, una configuración inicial cuidada y una gestión correcta de usuarios, equipos y canales son la base para aprovechar al máximo Microsoft Teams como centro de trabajo digital.

Ejercicios de autoevaluación
Unidad de Aprendizaje 1

1. ¿Cuál es el principal objetivo de Microsoft Teams?

    a. Ser una red social para empresas.
    b. Reunir en un solo espacio herramientas de comunicación y trabajo en equipo.
    c. Sustituir el correo electrónico.
    d. Ofrecer almacenamiento ilimitado en la nube.

2. ¿Qué se encuentra en la barra lateral izquierda de Teams?

    a. El menú de configuración avanzada
    b. El buscador inteligente
    c. Los accesos principales, como chat, equipos, calendario y actividad
    d. El historial de conversaciones eliminadas

3. ¿Qué muestra la zona central de la interfaz de Teams?

    a. El contenido de la pestaña seleccionada
    b. Solo notificaciones recientes
    c. La lista de usuarios conectados
    d. Los accesos rápidos de configuración

4. ¿Para qué sirve la barra superior de Teams?

    a. Para acceder a *OneNote* y a *Planner*.
    b. Para localizar mensajes, contactos o archivos mediante búsqueda inteligente.
    c. Para cambiar de idioma en la aplicación.
    d. Para añadir licencias de usuario.

5. ¿Qué opción permite personalizar el estado de disponibilidad de un usuario en Teams?

    a. Barra lateral izquierda
    b. Menú de perfil de usuario

c. Barra superior

d. Zona central

6. ¿Qué ajustes se pueden realizar en la configuración inicial de Teams?

a. Descargar actualizaciones del sistema operativo.

b. Activar el tema oscuro, ajustar notificaciones y configurar dispositivos.

c. Editar documentos de *Word* directamente.

d. Instalar nuevas aplicaciones en *Microsoft 365*.

7. ¿Qué método resulta más adecuado para crear decenas de usuarios a la vez en Teams?

a. Creación manual

b. Importación masiva mediante archivo CSV

c. Sincronización con *Active Directory*

d. Uso de invitaciones por enlace

8. ¿Qué tipo de canal permite invitar a personas externas sin dar acceso a todo el equipo?

a. Estándar

b. Privado

c. Compartido

d. De toda la organización

9. Indica si las siguientes afirmaciones son verdaderas o falsas:

a. Microsoft Teams centraliza chats, reuniones, archivos y aplicaciones en un mismo espacio digital.

- ■ Verdadero
- ■ Falso

b. El menú de perfil permite cambiar la foto, editar el nombre y establecer un estado de disponibilidad.

- ■ Verdadero
- ■ Falso

c. Un canal estándar en Teams solo es visible para los propietarios del equipo.

■ Verdadero
■ Falso

d. La importación masiva mediante archivos CSV es útil para dar de alta decenas de usuarios al mismo tiempo.

■ Verdadero
■ Falso

e. El calendario de Teams se sincroniza automáticamente con *Outlook* si la cuenta está vinculada.

■ Verdadero
■ Falso

10. Indica si las siguientes afirmaciones son verdaderas o falsas:

a. La barra superior de Teams solo permite acceder a configuraciones técnicas, no realizar búsquedas.

■ Verdadero
■ Falso

b. Los equipos en Teams pueden ser privados, públicos o de toda la organización.

■ Verdadero
■ Falso

c. El uso de autenticación multifactor (MFA) aumenta la seguridad de las cuentas de usuario.

■ Verdadero
■ Falso

d. En la versión personal de Teams, las comunidades tienen un funcionamiento similar al de los grupos informales de *WhatsApp* o *Telegram*.

■ Verdadero
■ Falso

e. El tema oscuro en Teams es una opción de configuración general que facilita la visualización en entornos con poca luz.

- ■ Verdadero
- ■ Falso

Comunicación y colaboración efectiva

Contenido

Objetivos

Los objetivos generales de esta Unidad de Aprendizaje son:

→ Usar chats (individuales y grupales), menciones y notificaciones para la comunicación.

→ Organizar y gestionar reuniones, videollamadas y eventos en directo.

→ Compartir y colaborar en documentos en tiempo real.

Los objetivos específicos de esta Unidad de Aprendizaje son:

→ Usar chats, menciones y notificaciones.

→ Organizar reuniones y videollamadas.

→ Planificar eventos en directo.

→ Compartir documentos en Teams.

→ Editar documentos de forma colaborativa.

1. Introducción

La fuerza de Microsoft Teams está en su capacidad para impulsar la comunicación y la colaboración entre todas las personas que participan en un proyecto. Chats, videollamadas, menciones y notificaciones permiten que las conversaciones fluyan sin perder el contexto, mientras que la compartición de documentos en tiempo real convierte a Teams en un espacio de trabajo dinámico y accesible.

En esta unidad aprenderemos a utilizar de forma eficaz las herramientas de comunicación de Teams: desde un chat rápido con una compañera o un compañero hasta la organización de grandes reuniones o la planificación de eventos en directo. También exploraremos cómo trabajar de manera colaborativa sobre documentos compartidos, editando al mismo tiempo y manteniendo un historial de versiones para asegurar la trazabilidad.

Siguiendo con nuestra historia, Mikel y Belinda han logrado estructurar su proyecto educativo en Teams. Ahora se enfrentan a un nuevo reto: garantizar una comunicación clara y eficaz entre profesorado, alumnado y personas coordinadoras. Mikel se encarga de configurar reuniones virtuales para las clases en línea, mientras Belinda experimenta con menciones y notificaciones para mantener informados a todos los participantes. Además, aprenden a compartir materiales de estudio en documentos colaborativos, donde varias personas del profesorado pueden aportar sus contenidos sin necesidad de recurrir a interminables cadenas de correos.

2. Uso de chats, menciones y notificaciones

☞ HILO CONDUCTOR

Mikel descubre que puede enviar mensajes rápidos al profesorado a través del chat, sin necesidad de recurrir siempre al correo. Belinda, en cambio, empieza a usar las menciones con @ para asegurarse de que sus mensajes no se pierdan entre tantas conversaciones. Al poco tiempo, ambas personas aprenden a configurar las notificaciones: algunos avisos en tiempo real para lo urgente y resúmenes diarios para lo menos prioritario.

Teams permite mantener una comunicación fluida gracias a sus diferentes modalidades de chat:

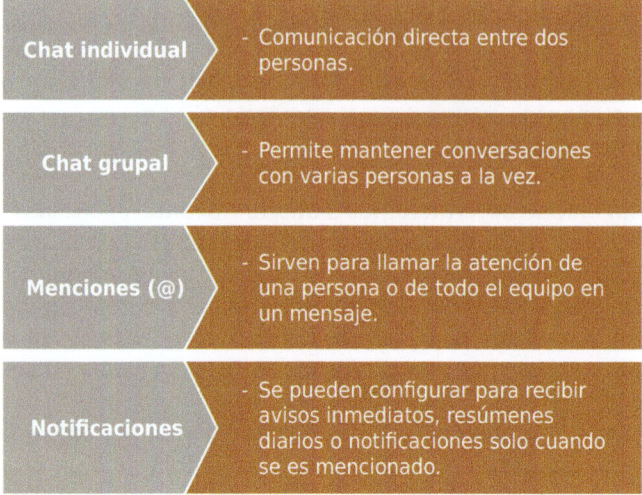

2.1. Chat individual

El **chat individual** es la forma más directa de comunicación dentro de Teams. Se utiliza cuando una persona necesita hablar con otra sin que el resto del equipo participe en la conversación. Es útil para resolver dudas rápidas, enviar recordatorios o compartir información que no requiere la atención de más personas.

Ejemplo de chat individual en Microsoft Teams

 **EJEMPLO**

Belinda quiere avisar a Mikel de que ha subido un documento nuevo; en lugar de enviar un correo, le manda un mensaje privado en el chat.

La principal ventaja es la rapidez y confidencialidad, ya que el contenido solo lo ven las dos personas que participan.

2.2. Chat grupal

El **chat grupal** permite que varias personas conversen al mismo tiempo en un único espacio. Es ideal para proyectos pequeños, comisiones de trabajo o grupos temporales creados para una tarea concreta.

Inicio de un chat grupal en Microsoft Teams

 **EJEMPLO**

Un grupo de profesorado crea un chat conjunto para coordinarse antes de una reunión importante.

La principal ventaja es que todos los mensajes quedan en un mismo hilo, lo que evita cadenas interminables de correos.

2.3. Menciones (@)

Las **menciones** son una herramienta que ayuda a destacar un mensaje dentro de la conversación. Al escribir el símbolo @ seguido del nombre de una persona, esa persona recibe una notificación especial que la avisa de que alguien la ha nombrado. También es posible mencionar a un canal o a todo el equipo.

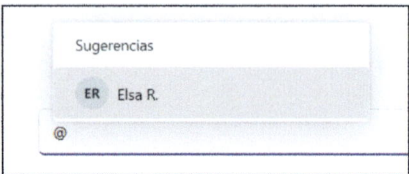

Menciones en Microsoft Teams

 EJEMPLO

Mikel usa @Equipo para avisar a todas las personas de que la reunión comenzará en diez minutos.

La principal ventaja es que permiten llamar la atención sin necesidad de repetir mensajes ni interrumpir a todas las personas con comunicaciones que no son relevantes para ellas.

2.4. Notificaciones

Las **notificaciones** son el sistema que ayuda a no perder información. Teams permite configurarlas según las necesidades de cada persona, lo que resulta fundamental para evitar la saturación.

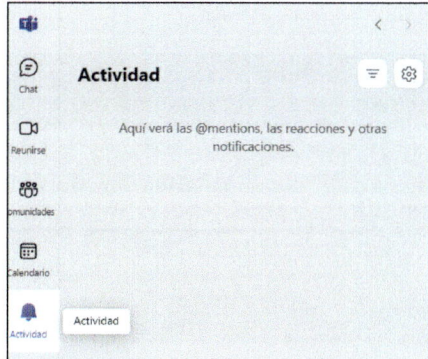

Panel de actividad en Teams, donde se centralizan las notificaciones, como menciones, reacciones y avisos importantes.

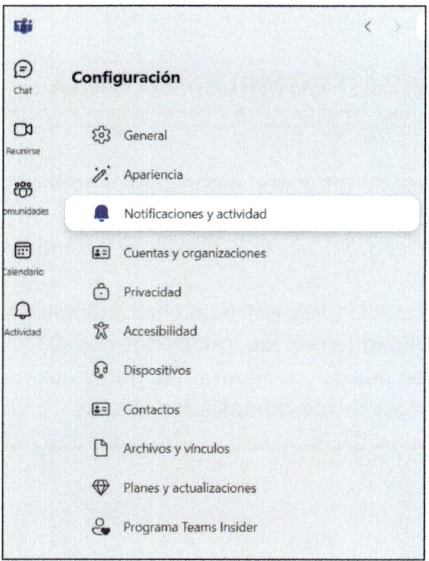

Menú de configuración de Teams

Las notificaciones pueden ser de diversos tipos:

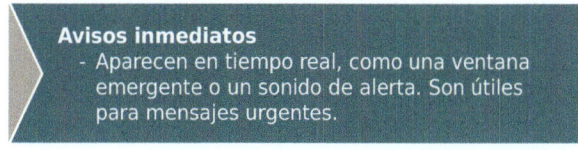

Avisos inmediatos
- Aparecen en tiempo real, como una ventana emergente o un sonido de alerta. Son útiles para mensajes urgentes.

Continúa en página siguiente >>

[53]

<< *Viene de página anterior*

Resúmenes diarios
- Agrupan las novedades importantes en un solo aviso, lo que ayuda a mantenerse al día sin distracciones continuas.

Solo menciones
- Es una opción para recibir notificaciones únicamente cuando se es nombrada o nombrado mediante una @.

De esta forma, cada persona puede decidir si quiere estar permanentemente informada o si prefiere revisar las actualizaciones en momentos concretos del día.

 ## ACTIVIDAD COMPLEMENTARIA

3. Explora el uso de los chats, menciones y notificaciones en Microsoft Teams. Para ello, accede desde tu ordenador o dispositivo móvil y prueba las distintas opciones de comunicación. Además, responde a las siguientes cuestiones:

   a. ¿Qué diferencia hay entre un chat individual y un chat grupal?
   b. ¿Qué utilidad tienen las menciones con @?
   c. ¿Cómo se pueden configurar las notificaciones para no perderse lo importante sin recibir demasiados avisos?

3. Organización y gestión de reuniones y videollamadas

 ## HILO CONDUCTOR

Para poner en marcha las primeras clases virtuales, Mikel organiza reuniones desde el calendario integrado en Teams. Configura la hora, añade a las personas

Continúa en página siguiente >>

<< Viene de página anterior

participantes y adjunta los materiales necesarios antes de que empiece la sesión. Belinda, que se encarga de la coordinación, aprende a grabar las reuniones para que quienes no puedan asistir las vean más tarde.

Las reuniones y videollamadas son una de las funciones más potentes de Microsoft Teams. Gracias a ellas, es posible mantener encuentros virtuales en tiempo real con cualquier persona del equipo, profesorado, alumnado o incluso con personas externas invitadas.

Teams dispone de varias opciones para organizar y aprovechar reuniones y videollamadas:

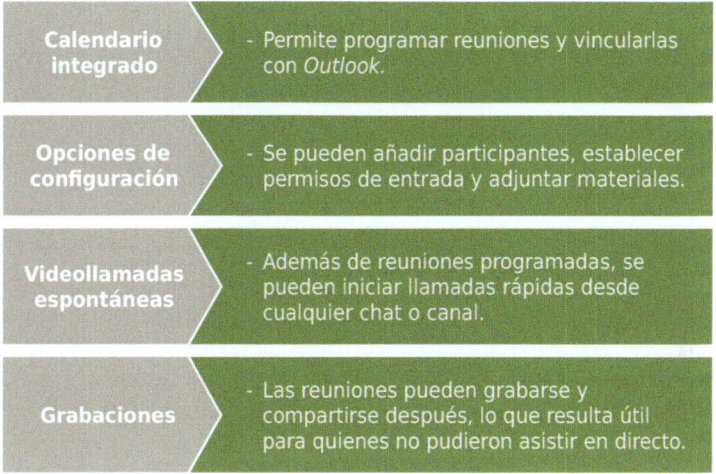

Calendario integrado	- Permite programar reuniones y vincularlas con *Outlook*.
Opciones de configuración	- Se pueden añadir participantes, establecer permisos de entrada y adjuntar materiales.
Videollamadas espontáneas	- Además de reuniones programadas, se pueden iniciar llamadas rápidas desde cualquier chat o canal.
Grabaciones	- Las reuniones pueden grabarse y compartirse después, lo que resulta útil para quienes no pudieron asistir en directo.

3.1. Calendario integrado

El **calendario de Teams** está conectado directamente con *Outlook*, lo que significa que todo lo que se programe en una herramienta se reflejará en la otra.

Es posible seleccionar el día y la hora, añadir un título para la reunión y elegir a las personas participantes. Para ello, se accede a la vista semanal del calendario, donde se pueden ver los días y las horas disponibles:

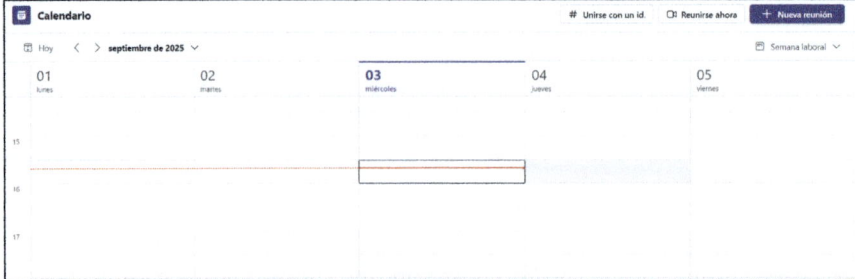

En la parte superior derecha, se selecciona el botón + **Nueva reunión,** lo que abre un formulario para configurar los detalles.

A continuación, se configuran los detalles de la reunión:

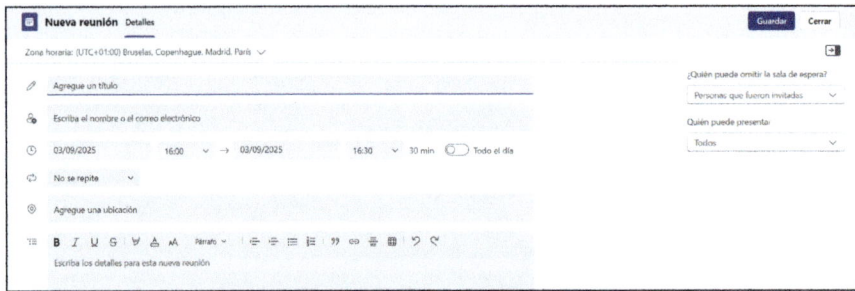

Además, es posible configurar reuniones periódicas; por ejemplo, "todos los lunes a las 10:00". Para ello, en el formulario **Nueva reunión,** se despliega el menú que aparece por defecto en **No se repite.** Desde ahí se pueden elegir varias opciones: diariamente, semanalmente, mensualmente, anualmente o personalizado:

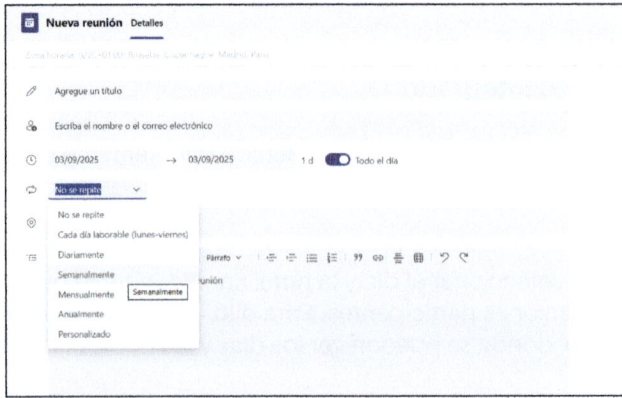

Se configura la periodicidad:

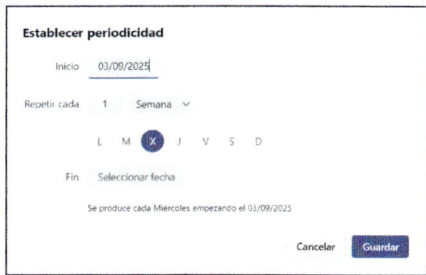

Los participantes recibirán una invitación que incluye todas las sesiones programadas (por ejemplo: "cada miércoles de 16:00 a 16:30"):

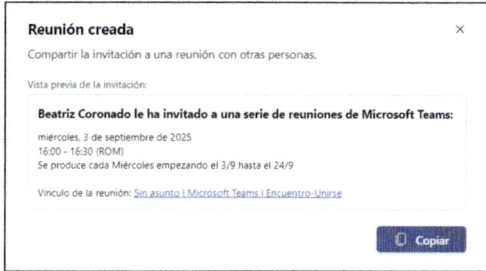

En el calendario de Teams se verá la reunión en la fecha seleccionada y, además, marcada en los días y horas configurados de manera recurrente:

Las invitaciones llegan automáticamente al correo y al calendario de las personas invitadas.

3.2. Opciones de configuración

Antes de que empiece la reunión, se deben ajustar varias opciones para asegurar un desarrollo ordenado y seguro:

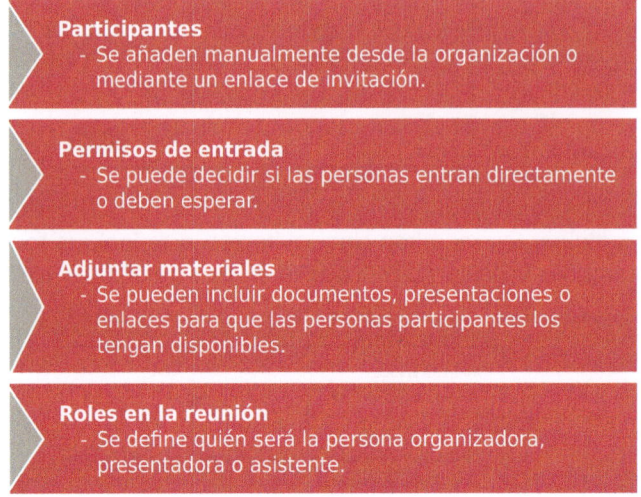

Participantes
- Se añaden manualmente desde la organización o mediante un enlace de invitación.

Permisos de entrada
- Se puede decidir si las personas entran directamente o deben esperar.

Adjuntar materiales
- Se pueden incluir documentos, presentaciones o enlaces para que las personas participantes los tengan disponibles.

Roles en la reunión
- Se define quién será la persona organizadora, presentadora o asistente.

Botón para ver y agregar participantes en una reunión de Microsoft Teams.

3.3. Videollamadas espontáneas

Además de las reuniones programadas, Teams permite iniciar **videollamadas rápidas** en cualquier momento. Esto resulta muy útil cuando surge una duda que es más fácil resolver hablando directamente que escribiendo:

➲ Se pueden hacer desde un chat individual, un chat grupal o un canal.
➲ Incluyen las funciones básicas: cámara, micrófono, compartir pantalla y chat en paralelo.
➲ Pueden convertirse en reuniones más amplias si se añaden nuevas personas durante la llamada.

Abre el chat individual o grupal con la persona o personas con las que quieras hablar. En la parte superior derecha verás dos iconos:

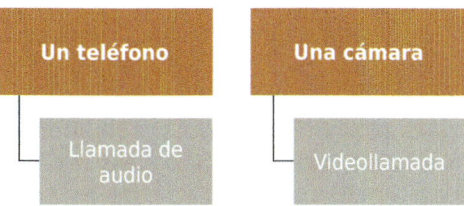

Haz clic en el icono de la cámara y la videollamada empezará al instante:

Botón para iniciar una videollamada en Microsoft Teams.

3.4. Grabaciones

Una de las ventajas de Teams es que las reuniones y videollamadas se pueden **grabar** para consultarlas más tarde. Esto es especialmente útil cuando alguien no puede asistir o si se quiere conservar el contenido como material de apoyo.

Las grabaciones incluyen audio, vídeo, pantalla compartida y el chat de la reunión.

Se guardan automáticamente en *OneDrive* o *SharePoint,* según el tipo de reunión.

Se puede compartir el enlace con quienes necesiten verlo después.

Para grabar una videollamada o reunión en Teams hay que seguir este proceso:

1. Inicia la reunión o videollamada (puede ser programada o rápida).
2. En la barra superior de la reunión, haz clic en los tres puntos ⋮ (en el menú **Más**).

3. Selecciona la opción **Iniciar grabación.** A veces aparece junto a **Iniciar transcripción** (esta última solo está disponible en algunas licencias).
4. Aparecerá un aviso en pantalla indicando que la reunión se está grabando y todas las personas participantes verán esa notificación.
5. Para detenerla, vuelve a los tres puntos ⋮ y selecciona **Detener grabación.**

Si la reunión fue en un chat privado, se guarda en el *OneDrive* de la persona que inició la grabación. Por otro lado, si la reunión fue en un equipo o canal, se guarda en el *SharePoint* vinculado a ese equipo. En ambos casos, aparece un enlace a la grabación directamente en el chat o canal donde se hizo la reunión.

Solo la persona organizadora de la reunión o alguien de la misma organización con permisos puede iniciar la grabación.

IMPORTANTE

Por normativa (RGPD), todas las personas deben estar informadas de que están siendo grabadas. Teams lo muestra automáticamente con un aviso en pantalla.

APLICACIÓN PRÁCTICA

Microsoft Teams permite programar reuniones desde el calendario, ajustar opciones de configuración, iniciar videollamadas rápidas y grabar sesiones para revisarlas después. ¿Cuál de las siguientes opciones refleja una buena práctica para organizar reuniones y videollamadas en Teams?

a. Programar reuniones únicamente desde *Outlook*, evitando el calendario de Teams y compartiendo materiales después por correo electrónico.
b. Programar reuniones desde el calendario integrado de Teams, configurar permisos y roles, adjuntar materiales en la convocatoria y usar la grabación para quienes no puedan asistir en directo.

Continúa en página siguiente >>

<< Viene de página anterior

c. **Iniciar todas las reuniones como videollamadas espontáneas en chats, sin planificación previa, ni asignación de roles ni control de permisos.**
d. **Grabar todas las reuniones sin informar a los participantes, evitar el calendario de Teams y compartir grabaciones manualmente mediante memorias USB.**

Solución

Programar reuniones desde el calendario integrado de Teams, configurar permisos y roles, adjuntar materiales en la convocatoria y usar la grabación para quienes no puedan asistir en directo.

La opción b) es la adecuada porque refleja buenas prácticas: aprovechar el calendario integrado, definir roles y permisos, preparar materiales antes de la sesión y grabar la reunión de forma informada.

4. Eventos en directo: planificación y ejecución

👉 **HILO CONDUCTOR**

Al ver que el proyecto crece, Belinda propone organizar un evento en directo para presentar oficialmente el programa educativo al alumnado y a las personas tutoras responsables. Mikel se encarga de la parte técnica, configurando el evento en Teams y probando la calidad de audio y vídeo. El día de la transmisión, Belinda modera las preguntas en el chat mientras Mikel gestiona la emisión.

Los eventos en directo son reuniones a mayor escala, diseñadas para audiencias amplias. En este contexto, hay que considerar detalles como la planificación, la producción y la gestión:

Planificación del evento
- Permite programar fechas, establecer roles (organizadores, presentadores y asistentes) y preparar el material.

Producción técnica
- Incluye pruebas previas de audio y vídeo para garantizar la calidad de la transmisión.

Interacción con la audiencia
- A través del chat y de preguntas moderadas.

Grabación y acceso posterior
- Los eventos se pueden grabar para que la audiencia los consulte más adelante.

En Teams de trabajo/educación existen formatos de evento profesionales: **Seminario web** y **Asamblea** *(Town hall)*. Los verás en **Calendario → Nueva reunión ▼** (desplegable). Esto es distinto del evento de comunidades que aparece en la versión personal.

En la versión personal de Teams, los eventos de comunidades son más sencillos. Sirven para anunciar y realizar una sesión básica dentro de una comunidad, pero no incluyen roles avanzados, sala de espera ni Q&A moderado.

 **RECUERDA**

Una reunión en Teams es un encuentro interactivo pensado para trabajar en grupo: todas las personas invitadas pueden hablar, encender la cámara, compartir pantalla y usar el chat. Se crea desde el calendario con **Nueva reunión** y permite ajustar opciones como la sala de espera, quién presenta, grabación y permisos.

 **CONSEJO**

Si buscas conversación bidireccional con grupos pequeños o medianos, conviene una reunión. Si necesitas exponer a mucha gente y controlar cómo participa la audiencia, conviene un seminario web o una asamblea en la versión de trabajo/educación.

4.1. Planificación del evento

La primera fase es la **planificación.** En este paso se definen los aspectos básicos:

⊃ **Fecha y hora.** Programa la sesión desde **Calendario.** Si usas trabajo/educación, despliega **Nueva reunión ▼** y elige **Seminario web** o **Asamblea;** si usas la versión personal, entra en **Comunidades → Eventos → Crear evento.**
⊃ **Roles.** Distingue entre organizadoras/es, presentadoras/es y asistentes:

◍ Organizadores: personas responsables de crear y gestionar el evento.
◍ Presentadores: quienes hablarán, mostrarán su pantalla o compartirán documentos.
◍ Asistentes: la audiencia que sigue el evento en directo.

⊃ **Material previo.** Se pueden cargar presentaciones, vídeos o enlaces que se usarán durante la transmisión.
Puedes subirlos al chat de la reunión (pestaña **Archivos**) o, si trabajas en un canal, dejar el material en **Archivos** del canal.

 **NOTA**

En reunión o seminario web, abre la sesión creada y entra en **Opciones de reunión** para definir quién puede presentar (elige **Personas específicas)** y añade coorganizadores si hace falta; en **Asamblea,** usa **Detalles del evento** para asignar presentadores (y, si está disponible, productores) mientras la audiencia entra sin micro ni cámara; en la versión personal no se configuran estos roles.

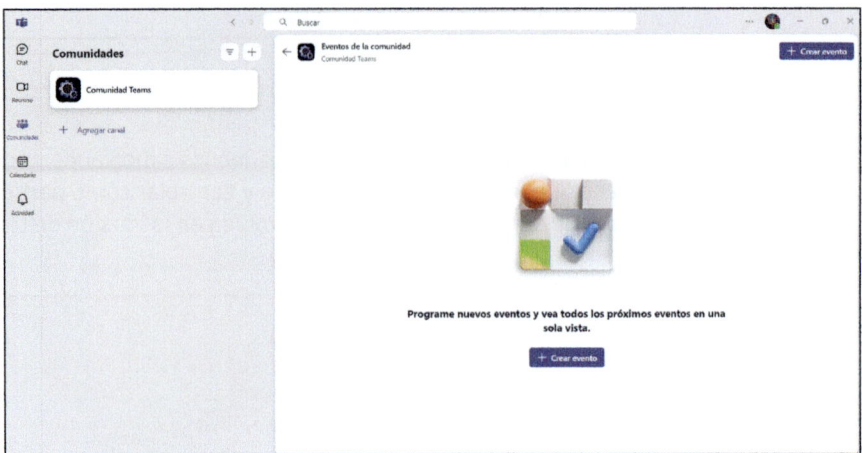

Pantalla de eventos en la comunidad de Microsoft Teams.

4.2. Producción técnica

Antes de que empiece el evento, es importante realizar una **prueba técnica** para asegurarse de que todo funcione correctamente.

Los aspectos que deben controlarse son los siguientes:

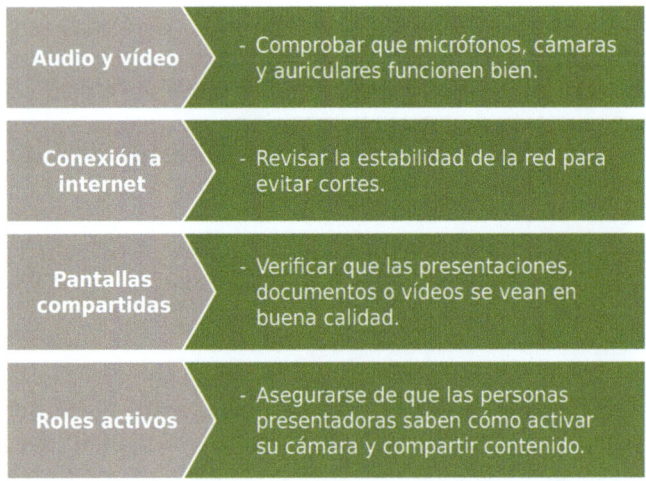

Audio y vídeo	- Comprobar que micrófonos, cámaras y auriculares funcionen bien.
Conexión a internet	- Revisar la estabilidad de la red para evitar cortes.
Pantallas compartidas	- Verificar que las presentaciones, documentos o vídeos se vean en buena calidad.
Roles activos	- Asegurarse de que las personas presentadoras saben cómo activar su cámara y compartir contenido.

4.3. Interacción con la audiencia

Aunque los asistentes no tienen micrófono ni cámara activados por defecto, pueden **interactuar mediante el chat.**

Las preguntas se envían en tiempo real y las personas organizadoras o moderadoras deciden cuáles se muestran públicamente. Esto evita interrupciones y ayuda a filtrar las consultas más relevantes.

También se pueden habilitar encuestas o dinámicas externas para hacer más participativo el evento.

Hay varias formas de fomentar la participación según el objetivo y el tamaño del grupo. A continuación, se indican los pasos para configurar cada enfoque y recomendaciones para que la interacción sea clara, ordenada y accesible para todas las personas asistentes.

1) Reunión normal/*webinar* (lo más común)

En este formato trabajas con grupos medianos y buscas orden sin perder interacción. Para ello se deben considerar los siguientes aspectos:

a. **Entradas sin micro ni cámara (control de asistentes).** Las personas asistentes entran sin poder activar micrófono/cámara ni compartir pantalla, para mantener el orden. Los pasos son:

   1. **Calendario → Nueva reunión ▾** (o Seminario web)
   2. **Abrir la reunión creada → Opciones de reunión**
   3. Configurar:

      ⇕ ¿Quién puede presentar? Personas específicas (el resto entra como asistente).
      ⇕ Micrófono de asistentes: desactivado.
      ⇕ Cámara de asistentes: desactivado.
      ⇕ (Opcional) ¿Quién puede omitir la sala de espera? Según necesidad (p. ej. solo yo).

b. **Q&A (preguntas y respuestas) moderadas.** Canaliza dudas sin desorden y publica solo lo relevante. Los pasos son:

   1. En la reunión: **Aplicaciones → Q&A / Preguntas y respuestas → Agregar.**
   2. Activar modo **Moderado.**
   3. Moderar con: **Publicar, Responder en privado, Descartar, Fijar/ Mejor respuesta.**

c. **Chat (si lo prefieres abierto).** Úsalo como complemento a Q&A para avisos y comentarios rápidos. Los pasos son:

◔ **Opciones de reunión → Permitir chat en la reunión.**
◔ Elegir **Durante la reunión** o **Desactivado** si centralizas todo en Q&A.

2) Asamblea/evento en directo (audiencias grandes)

Las personas asistentes ya entran sin micro ni cámara y la interacción se gestiona con Q&A.

Los pasos son:

1. **Calendario → Nueva reunión ▾ → Asamblea/Town hall**
2. En **Detalles del evento,** verificar que el Q&A esté habilitado.
3. Durante la emisión, moderar Q&A: aprobar/publicar, responder en privado, descartar.

 **NOTA**

El chat de asistentes suele estar deshabilitado por diseño.

3) Encuestas (*polls*) para dinamizar

Recoge opiniones en tiempo real y muestra resultados cuando convenga.

Los pasos son:

1. **Aplicaciones → Encuestas/Polls** (*Microsoft Forms*) **→ Agregar.**
2. Crear preguntas (opción múltiple, V/F, escala, etc.).
3. Lanzar, cerrar y mostrar resultados si procede.
4. Exportar respuestas al finalizar.

CONSEJO

Para moderar con eficacia, fija un mensaje con normas (por ejemplo: "Usa Q&A y evita preguntas repetidas"), trabaja en coorganización —una persona presenta y otra modera Q&A y las encuestas— y cierra la sesión con un resumen de las respuestas clave y enlaces a los materiales.

- -

4.4. Grabación y acceso posterior

Al igual que las reuniones, los eventos en directo se pueden **grabar** para que la audiencia los consulte más adelante:

➲ La grabación incluye audio, vídeo, presentaciones compartidas y el chat moderado.
➲ Se guarda en *Microsoft Stream, OneDrive* o *SharePoint,* según la configuración.
➲ El enlace puede compartirse con las personas asistentes o con quienes no pudieron participar en directo.

APLICACIÓN PRÁCTICA

Los eventos en directo en Teams están pensados para grandes grupos y requieren planificación, producción técnica y control de la interacción.

¿Cuál de las siguientes opciones refleja correctamente una buena práctica para organizar un evento en directo?

a. Programar el evento únicamente como una reunión estándar, sin asignar roles diferenciados ni hacer pruebas previas de audio y vídeo.
b. Configurar el evento desde el calendario de Teams como Seminario web o Asamblea, definir roles de organizadores, presentadores y asistentes, preparar materiales, realizar pruebas técnicas y habilitar Q&A moderado para la interacción.

Continúa en página siguiente >>

<< Viene de página anterior

c. Permitir que todas las personas asistentes activen libremente cámara y micrófono, utilizar el chat abierto sin moderación y no grabar la sesión para consulta posterior.

d. Crear el evento como una reunión espontánea desde un chat grupal, compartir materiales únicamente por correo después y evitar encuestas o dinámicas participativas.

Solución

La opción b) recoge buenas prácticas: usar el calendario de Teams para programar un evento profesional (Seminario web o Asamblea), asignar roles claros, preparar materiales con antelación, realizar pruebas técnicas y moderar la interacción mediante Q&A.

----

5. Compartición y edición colaborativa de documentos

👉 **HILO CONDUCTOR**

Uno de los mayores descubrimientos para el equipo llega con los documentos compartidos. Antes, cada docente enviaba versiones diferentes de un mismo archivo por correo, lo que generaba confusión. Ahora, Mikel crea carpetas organizadas en Teams y Belinda enseña a todas las personas a editar documentos de *Word* y *Excel* en tiempo real, con los cambios visibles al instante.

Una de las grandes ventajas de Teams es la posibilidad de trabajar sobre documentos compartidos:

Carpetas en equipos y canales
- Cada canal dispone de un espacio de archivos compartidos.

Continúa en página siguiente >>

<< Viene de página anterior

Edición colaborativa en tiempo real
- Varias personas pueden trabajar en un mismo archivo de *Word, Excel* o *PowerPoint* de forma simultánea.

Historial de versiones
- Teams guarda las diferentes versiones de un documento para recuperar cambios o revertir modificaciones.

Integración con *OneDrive* y *SharePoint*
- Los documentos compartidos se almacenan en la nube, garantizando accesibilidad y seguridad.

5.1. Carpetas en equipos y canales

Un **canal** en Microsoft Teams es un espacio de trabajo dentro de un equipo donde se organizan las conversaciones, archivos y aplicaciones por tema, proyecto o grupo. Sirve para que cada tema tenga su propio "hilo" de trabajo y todo quede ordenado.

Para organizar el trabajo en Teams, cada canal reúne conversaciones, archivos y aplicaciones; a continuación, se explica qué incluye, qué tipos existen, cuándo conviene crearlo, cómo se gestionan los permisos y cómo se relaciona con *SharePoint* y las grabaciones:

➲ **Qué hay en un canal:**

- ֎ Publicaciones: mensajes, avisos, menciones y reuniones asociadas al tema del canal.
- ֎ Archivos: carpeta compartida para guardar y editar documentos en equipo.
- ֎ Pestañas extra: puedes añadir **OneNote, Planner, Forms,** enlaces, etc.

➲ **Tipos de canal:**

- ֎ Estándar: lo ven todas las personas del equipo. Ideal para temas generales.
- ֎ Privado: lo ven solo algunas personas del equipo (subgrupo). Útil para contenidos sensibles.
- ֎ Compartido: permite colaborar con personas de otros equipos u organizaciones sin añadirlas a todo el equipo.

◔ **Cuándo crear un canal:**

- Ꮰ Por tema (p. ej. "Comunicación", "Evaluación")
- Ꮰ Por proyecto/fase (p. ej. "Proyecto A – Fase 1")
- Ꮰ Por grupo de trabajo (p. ej. "Tutoría 2.° curso")

◔ **Permisos y organización:**

- Ꮰ En un canal estándar, hereda permisos del equipo.
- Ꮰ En un canal privado/compartido, el canal tiene su propia lista de miembros.
- Ꮰ Puedes moderar: fijar normas, limitar quién publica, usar menciones y marcar mensajes importantes.

◔ **Relación con archivos:**

- Ꮰ Cada canal tiene su carpeta en *SharePoint* (los privados/compartidos crean su propio sitio).
- Ꮰ Las reuniones que haces en el canal guardan el chat y las grabaciones en su área de archivos.

Cada canal de Teams dispone de una pestaña **Archivos,** donde se guardan los documentos compartidos. Estos archivos están organizados en carpetas que funcionan como un pequeño repositorio del equipo.

Se pueden subir documentos ya creados desde el ordenador o generarlos directamente en Teams.

Cualquier persona que forme parte del canal puede abrir y editar esos archivos, siempre que tenga permisos.

Es posible organizar carpetas temáticas (por ejemplo: Materiales de clase, Informes o Reuniones).

 **RECUERDA**

Microsoft Teams de trabajo/educación *(Microsoft 365)* es la versión que muestra **Equipos** y **Canales,** mientras que Teams personal es la que muestra **Comunidades.**

5.2. Edición colaborativa en tiempo real

Una de las funciones más valoradas de Teams es la **edición simultánea.**

Varias personas pueden trabajar al mismo tiempo en un documento de *Word, Excel* o *PowerPoint,* sin bloquearse unas a otras.

Cada persona ve en su pantalla quién más está editando el archivo.

Los cambios aparecen de inmediato y se actualizan para todas las personas conectadas. Esto evita tener que enviar correos con archivos adjuntos o combinar diferentes versiones manualmente.

NOTA

Al entrar varias personas, Teams/*Office* muestra sus nombres o iniciales en los lugares donde están escribiendo.

Para sacar partido a la edición colaborativa en Teams conviene conocer sus herramientas y reglas de juego:

⮑ **Funciones clave para colaborar mejor:**

- Comentarios y menciones: añade comentarios y usa @nombre para avisar a alguien; esa persona recibe una notificación.
- Coedición visible: verás cursores/selecciones con nombres, para evitar solaparte con otras personas.
- Guardado automático: los cambios se guardan de forma sistemática en *SharePoint/OneDrive.*
- Historial de versiones: puedes revisar versiones anteriores y restaurar una si hace falta (útil cuando hay cambios no deseados).
- Vinculación con Teams: comparte el vínculo del archivo en **Publicaciones** para que todas las personas trabajen sobre el mismo documento (evita duplicados).

⮑ **Buenas prácticas:**

- Acordar estructura y nombres (p. ej. "2025-09-04_Plan_Proyecto_vivo.docx") para que el archivo sea fácil de localizar.

◑ Asignar tareas dentro del documento (comentarios con menciones) en lugar de enviar instrucciones por correo.

◑ Bloques de trabajo cortos: si varias personas editan a la vez, es recomendable dividir secciones (p. ej. "Yo me encargo del apartado 2; tú, del 3").

◑ Comunicar cambios importantes en el chat del canal o con un comentario fijado.

➲ **Qué hacer si hay conflictos:**

◑ Si alguien abre el archivo sin conexión, o en una *app* que no admite coautoría, puede aparecer un aviso de conflicto.

◑ La *app* te ofrecerá combinar o mantener tus cambios; si hay dudas, revisa el **Historial de versiones** y el **Panel de cambios.**

➲ **Limitaciones habituales:**

◑ La coedición funciona mejor con formatos modernos (.docx, .xlsx, .pptx) y en *Office* web o en escritorio actualizado.

◑ Algunas funciones avanzadas (macros muy complejas, hojas *Excel* protegidas con ciertas configuraciones, complementos específicos) pueden restringir la coedición.

◑ Si una persona protege el documento o lo bloquea *(check-out* en *SharePoint),* la coedición se detiene hasta que lo libere.

➲ **Permisos y acceso:**

◑ Las personas con permiso de edición en el canal/archivo pueden coeditar; quienes solo tengan lectura verán el contenido, pero no podrán cambiarlo.

◑ Si trabajas con externas/os, comprueba que la carpeta/archivo está compartido con esas cuentas y que el enlace tiene permiso de editar si procede.

5.3. Historial de versiones

Teams guarda automáticamente un **historial de versiones** de los documentos. Esto significa que, si alguien comete un error o si se quiere recuperar una versión anterior, se puede hacer fácilmente.

Cada vez que se edita el archivo, queda registrada una copia con la fecha y la persona que realizó los cambios.

Desde el menú del documento se puede restaurar una versión anterior sin perder la más reciente.

 **NOTA**

Es especialmente útil cuando muchas personas trabajan en el mismo archivo.

5.4. Integración con *OneDrive* y *SharePoint*

Todos los archivos que se comparten en Teams se almacenan en la nube, concretamente en *OneDrive* (cuando son compartidos en chats privados) o en *SharePoint* (cuando pertenecen a un equipo o canal).

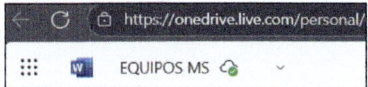

Archivos almacenados en OneDrive desde Microsoft Teams

Esto garantiza que los documentos estén accesibles desde cualquier dispositivo con conexión a internet.

También añade un nivel de seguridad, ya que *Microsoft* aplica copias de seguridad automáticas y controles de acceso.

Gracias a esta integración, los archivos se pueden abrir tanto desde Teams como desde las aplicaciones de *Office* instaladas en el ordenador o en la versión web.

 TAREA 3

Mikel y Belinda han creado un canal en su equipo de Microsoft Teams para centralizar todos los materiales del proyecto educativo. Hasta ahora, cada persona

Continúa en página siguiente >>

<< Viene de página anterior

compartía versiones distintas de documentos por correo, lo que generaba confusión. Ahora, quieren aprender a organizar los archivos en carpetas dentro del canal, abrir y editar documentos de forma simultánea y aprovechar el historial de versiones para mantenerlo todo controlado.

Tu tarea es ayudarles a configurar un sistema de trabajo colaborativo siguiendo estos pasos:

- Crear una carpeta llamada Materiales de clase en la pestaña **Archivos** del canal.
- Subir un documento de *Word* ya creado o generarlo directamente desde Teams.
- Compartir el archivo en el canal y abrirlo para edición colaborativa.
- Insertar un comentario con una mención para asignar una tarea.
- Consultar el historial de versiones del documento.

---

6. Resumen

Microsoft Teams potencia la comunicación y la colaboración dentro de los equipos de trabajo y proyectos educativos. Esta unidad se centra en el uso de chats, menciones y notificaciones, la organización de reuniones y videollamadas, la planificación de eventos en directo y la colaboración en documentos compartidos en tiempo real.

La comunicación en Teams se organiza en distintas modalidades:

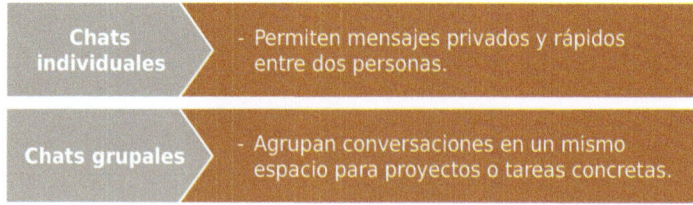

Chats individuales - Permiten mensajes privados y rápidos entre dos personas.

Chats grupales - Agrupan conversaciones en un mismo espacio para proyectos o tareas concretas.

Continúa en página siguiente >>

<< Viene de página anterior

| Menciones (@) | - Destacan mensajes y notifican a personas, canales o equipos completos. |
| Notificaciones | - Configurables para avisos inmediatos, resúmenes diarios o solo menciones. |

Las reuniones y eventos en Teams son esenciales para coordinar actividades virtuales:

Reuniones y videollamadas

- Se programan desde el calendario integrado y pueden grabarse.

Eventos en directo

- Pensados para audiencias amplias, con roles definidos y moderación del chat.

La colaboración se refuerza gracias al trabajo sobre documentos compartidos:

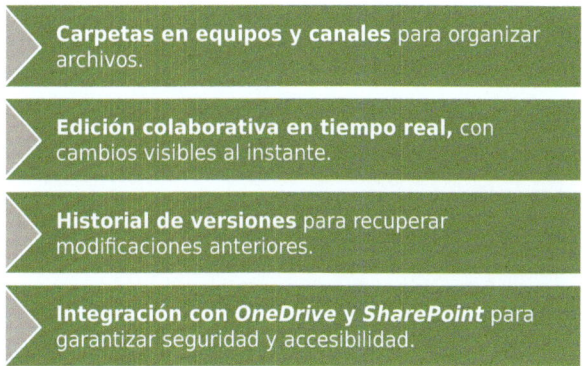

Carpetas en equipos y canales para organizar archivos.

Edición colaborativa en tiempo real, con cambios visibles al instante.

Historial de versiones para recuperar modificaciones anteriores.

Integración con *OneDrive* y *SharePoint* para garantizar seguridad y accesibilidad.

Una configuración adecuada de estas funciones permite mantener conversaciones claras, reuniones ordenadas y un flujo de trabajo colaborativo sin dispersión de información.

Las funciones clave de comunicación y colaboración en Teams permiten optimizar el trabajo en equipo y mantener la organización en todo momento.

Los **chats individuales y grupales** facilitan una comunicación directa y ágil, mientras que las **menciones con @** sirven para resaltar mensajes importantes y asegurarse de que lleguen a la persona o grupo adecuado.

Con las **notificaciones,** cada usuario puede configurar avisos según la prioridad de la información, evitando distracciones innecesarias. Además, la herramienta posibilita **programar y grabar reuniones virtuales,** así como organizar **eventos en directo** con roles definidos, interacción con la audiencia y acceso a las grabaciones.

Por último, la **edición colaborativa de documentos en tiempo real,** junto con su integración en la nube, garantiza que todo el equipo trabaje sobre la misma versión de los archivos con seguridad y accesibilidad.

Ejercicios de autoevaluación
Unidad de Aprendizaje 2

1. **¿Qué diferencia principal hay entre un chat individual y un chat grupal en Teams?**

    a. El chat individual incluye videollamadas y el grupal no.

    b. El chat individual es privado entre dos personas, mientras que el grupal permite que varias personas conversen al mismo tiempo.

    c. El chat grupal permite grabar las conversaciones y el individual no.

    d. El chat individual solo está disponible en la versión móvil de Teams.

2. **¿Cuál es la utilidad principal de las menciones con @ en Microsoft Teams?**

    a. Editar documentos en tiempo real.

    b. Destacar mensajes importantes y notificar directamente a una persona o a todo un grupo.

    c. Programar reuniones sin necesidad de usar el calendario.

    d. Crear un canal privado automáticamente.

3. **¿Qué ventaja ofrecen las notificaciones configurables en Teams?**

    a. Garantizan almacenamiento ilimitado de archivos.

    b. Permiten controlar la información que llega y reducir distracciones.

    c. Aseguran que todos los mensajes se borren automáticamente.

    d. Sustituyen la autenticación multifactor (MFA).

4. **¿Qué opción permite programar reuniones periódicas en Teams (p. ej. todos los lunes a las 10:00)?**

    a. El calendario integrado, eligiendo la opción Repetir y configurando la periodicidad.

    b. Usar menciones con @equipo.

    c. Crear manualmente un chat grupal cada semana.

    d. *Outlook.*

5. **¿Qué diferencia clave existe entre una reunión estándar y un evento en directo en Teams?**

    a. La reunión está pensada para el trabajo interactivo en grupos pequeños o medianos, mientras que el evento está diseñado para grandes audiencias con roles diferenciados.
    b. Los eventos no pueden grabarse.
    c. Las reuniones no admiten compartir pantalla.
    d. Los eventos solo existen en la versión móvil de Teams.

6. **¿Qué tipo de almacenamiento se utiliza para los archivos compartidos en un canal de Teams?**

    a. *Dropbox.*
    b. *OneDrive* y *SharePoint* según el contexto.
    c. *Google Drive.*
    d. Memoria interna del dispositivo.

7. **¿Qué opción describe mejor la función de las grabaciones en Microsoft Teams?**

    a. Permiten conservar el audio, vídeo, chat y pantalla compartida de una reunión para revisarla más tarde.
    b. Solo almacenan la lista de asistentes a la reunión.
    c. Guardan exclusivamente el audio, sin incluir vídeo ni documentos.
    d. Se eliminan automáticamente al terminar la reunión, sin posibilidad de recuperarlas.

8. **¿Qué buena práctica conviene seguir al trabajar con documentos compartidos en Teams?**

    a. Descargar y reenviar por correo cada versión nueva del archivo.
    b. Editar siempre en local y luego subir el documento actualizado.
    c. Asignar tareas mediante menciones dentro del documento y usar nombres de archivo claros y acordados.
    d. Evitar el historial de versiones para que no ocupe espacio en la nube.

9. Determina si las siguientes oraciones son verdaderas o falsas:

a. El chat individual en Teams es visible para todo el equipo.

■ Verdadero
■ Falso

b. Las reuniones programadas en Teams se sincronizan automáticamente con *Outlook*.

■ Verdadero
■ Falso

c. Las grabaciones de reuniones en canales se guardan en *SharePoint*.

■ Verdadero
■ Falso

d. En un evento en directo, la audiencia puede activar libremente el micrófono y la cámara.

■ Verdadero
■ Falso

e. Teams permite restaurar versiones anteriores de documentos compartidos.

■ Verdadero
■ Falso

10. Determina si las siguientes oraciones son verdaderas o falsas:

a. Las menciones con @ solo funcionan en chats individuales.

■ Verdadero
■ Falso

b. Una videollamada rápida se puede iniciar desde un chat individual o grupal.

■ Verdadero
■ Falso

c. Los eventos en directo en Teams requieren roles como organizadores, presentadores y asistentes.

■ Verdadero
■ Falso

d. La edición colaborativa en tiempo real solo está disponible
en *PowerPoint*.

■ Verdadero
■ Falso

e. Los archivos de Teams se almacenan en la nube, garantizando
así el acceso desde cualquier dispositivo.

■ Verdadero
■ Falso

Integraciones, automatización y gestión avanzada

Contenido

1. Introducción
2. Aplicaciones y conectores integrados *(Outlook, OneNote, Planner...)*
3. Automatización de tareas y flujos de trabajo
4. Gestión de permisos, accesos y seguridad
5. Grabación, exportación y compartición de contenidos
6. Resumen

Objetivos

Los objetivos generales de esta Unidad de Aprendizaje son:

→ Utilizar aplicaciones y conectores integrados (p. ej. *Outlook, OneNote, Planner...*).

→ Automatizar tareas con herramientas de productividad.

→ Grabar, exportar y compartir contenido.

Los objetivos específicos de esta Unidad de Aprendizaje son:

→ Integrar aplicaciones y conectores.

→ Automatizar tareas y flujos de trabajo.

→ Gestionar permisos y accesos.

→ Asegurar la información en Teams.

→ Gestionar contenidos generados.

1. Introducción

Una vez dominadas las bases de organización y comunicación en Microsoft Teams, llega el momento de llevar la herramienta a un nivel más avanzado. Teams no es solo un espacio para conversar y compartir, sino un auténtico *hub* digital capaz de integrarse con otras aplicaciones de *Microsoft 365* y con soluciones externas. Además, ofrece opciones para automatizar procesos, gestionar la seguridad y registrar las actividades de los usuarios.

En esta unidad descubriremos cómo aprovechar las integraciones con *Outlook, OneNote* o *Planner* para centralizar la productividad. Veremos también cómo crear flujos de trabajo automatizados que reduzcan tareas repetitivas, y cómo establecer permisos y accesos para proteger la información sensible de la organización. Por último, exploraremos las opciones de grabación, exportación y compartición de contenidos, asegurando que las reuniones y documentos puedan reutilizarse en distintos contextos.

En su proyecto educativo, Mikel y Belinda han comprobado que la gestión manual ya no es suficiente: necesitan optimizar procesos y garantizar la seguridad de los datos del alumnado. Mikel comienza a experimentar con flujos automatizados que envían recordatorios de entrega y notifican plazos directamente en Teams, mientras Belinda integra *Planner* para coordinar las tareas del equipo docente. Con estas herramientas avanzadas, convierten Teams en el eje central de su proyecto: un entorno eficiente, seguro y conectado.

2. Aplicaciones y conectores integrados (*Outlook, OneNote, Planner...*)

 HILO CONDUCTOR

Con el proyecto ya en marcha, Belinda se da cuenta de que aún pierde tiempo alternando entre distintas aplicaciones. Entonces, Mikel le muestra cómo integrar en Teams herramientas que ya usan a diario.

La combinación de *Outlook, OneNote* y *Planner* en Microsoft Teams transforma la plataforma en un espacio unificado para gestionar reuniones, documentación y tareas:

Outlook	- Desde el calendario de *Outlook* es posible activar el interruptor Teams Meeting para que la invitación incluya automáticamente los datos de acceso.
OneNote	- En cada canal se puede añadir una pestaña **Notas** basada en *OneNote*, sustituyendo así las antiguas *wikis*.
Planner	- La aplicación P*lanner,* integrada en Teams, reúne tanto las tareas personales como las de equipo en vistas como **Mi día** y **Mis tareas.**

2.1. *Outlook*

Desde el calendario de *Outlook* (tanto en la aplicación de escritorio como en la versión web) es posible realizar las siguientes acciones:

Programar reuniones desde *Outlook*
- Tanto en la aplicación de escritorio como en su versión web, puedes crear una reunión y activar el interruptor Teams Meeting. Al hacerlo, se añaden automáticamente a la invitación los datos de acceso a la videollamada.

Sincronización con Teams
- Al generar una reunión de esta forma, todas las citas quedan sincronizadas con el calendario de Teams, por lo que no necesitas salir de la plataforma para gestionar tus reuniones.

Configuración predeterminada para reuniones
- Si lo deseas, puedes ajustar *Outlook* para que toda nueva reunión se cree automáticamente como una reunión de Teams, evitando olvidos y facilitando la transición a un entorno de videollamadas integrado.

La vista del calendario de *Outlook* con la opción de acceso a Teams es la siguiente:

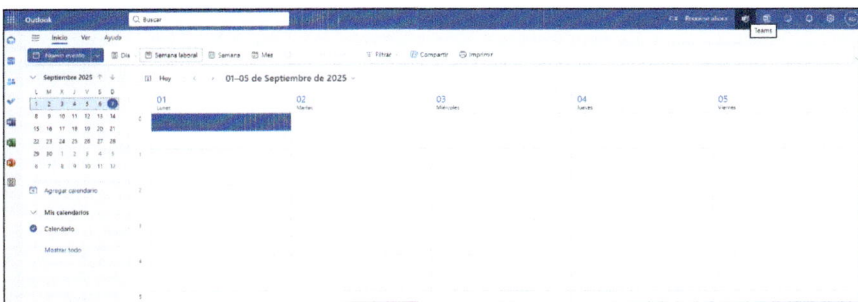

El acceso directo se realiza desde la barra superior:

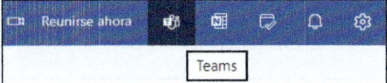

2.2. OneNote

Teams trabajo/educación *(Microsoft 365)* tiene una pestaña de *OneNote* integrada en cada canal estándar, lo que facilita la colaboración en notas y documentos.

Para utilizarla, sigue este proceso:

1. Abre Microsoft Teams y entra en el equipo y canal donde quieras trabajar con *OneNote*.
2. En la parte superior del canal, pulsa en + (**Agregar pestaña).**
3. Selecciona **OneNote** de la lista de aplicaciones disponibles.
4. Elige si quieres crear un bloc de notas nuevo o usar uno ya existente (por ejemplo, un bloc que el equipo ya utilice en *SharePoint* o *OneDrive).*
5. Confirma la selección. El bloc de notas aparecerá como pestaña fija en el canal, accesible para todos los miembros del equipo.
6. A partir de ese momento, cada persona podrá añadir notas, actas de reuniones o apuntes compartidos en tiempo real sin salir de Teams.

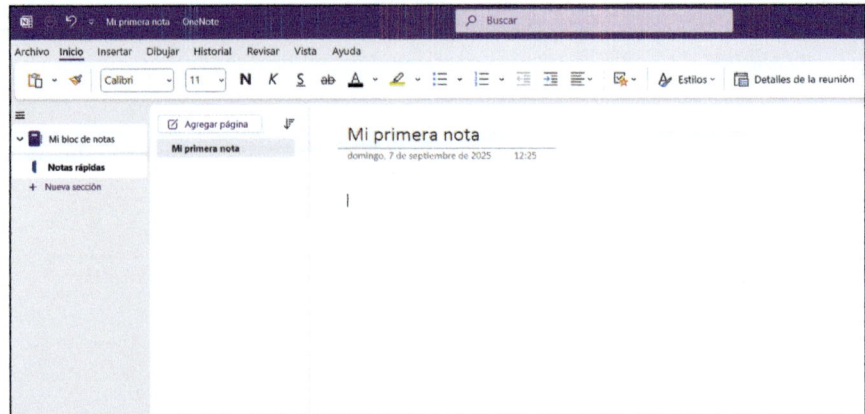

Creación de notas en OneNote que pueden vincularse con reuniones y tareas en Teams

A partir de la integración entre *OneNote* y Teams se destacan los siguientes aspectos:

Pestaña Notas en canales
- En cada canal estándar, la pestaña **Notas** utiliza un bloc de notas de *OneNote*. Esta característica sustituye a las antiguas *wikis* y ofrece ventajas como un editor enriquecido y la posibilidad de buscar y colaborar en múltiples dispositivos.

Restauración de la pestaña
- Si en algún momento se elimina la pestaña **Notas,** se puede volver a agregar fácilmente mediante el botón **Agregar una pestaña,** seleccionando *OneNote* y el bloc de notas del equipo correspondiente.

Colaboración centralizada
- Gracias a esta pestaña, todo el equipo puede añadir actas de reuniones, apuntes y materiales de forma centralizada, manteniendo la información organizada y accesible desde cualquier lugar.

NOTA

En la versión personal/familiar de Microsoft Teams (la que se usa con cuentas de *Outlook, Hotmail,* etc.) no está integrada *OneNote* como pestaña dentro de los chats o equipos de la misma forma que en la versión educativa o empresarial *(Microsoft 365).*

2.3. *Planner (Tareas)*

La aplicación *Planner,* integrada actualmente en la *app Tareas* de Teams, reúne en un único lugar las tareas personales y de equipo. Esta integración permite gestionar de forma más eficiente la carga de trabajo y la colaboración. Se destacan los siguientes aspectos:

Visualización de tareas
- Desde la sección *Mi día* se muestran las tareas que vencen hoy y aquellas que se han marcado como prioritarias. Por su parte, en *Mis tareas* aparecen las tareas privadas, las asignadas por otros miembros y los correos marcados en Outlook, lo cual centraliza toda la información pendiente.

Creación de planes y asignación de tareas
- *Planner* permite crear planes independientes para cada proyecto y asignar tareas a distintos miembros del equipo según sus responsabilidades. Esta capacidad de organización facilita el seguimiento de proyectos y distribuye claramente el trabajo.

Notificaciones en el equipo
- Al añadir la *app Planner* en la barra lateral de Teams y fijarla para uso habitual, todos los miembros del equipo reciben notificaciones cuando se asignan nuevas tareas o se realizan modificaciones. Esto ayuda a mantener al día a todos los participantes y mejora la coordinación.

Planner en Teams ya no aparece con ese nombre. *Microsoft* lo integró dentro de la *app Tareas* de Teams *(Tasks by Planner and To Do).*

En el menú lateral izquierdo de Teams pulsa en **...** (**Más aplicaciones),** busca *Tareas* y fíjala para tenerla siempre visible.

Ahí verás dos vistas principales:

Mis tareas	Planes de equipo
- Recoge lo personal desde *Microsoft To Do* (tareas que crees tú, correos marcados en *Outlook,* recordatorios, etc.).	- Muestra las tareas de los planes de *Planner* asociados a los equipos/canales en los que participas.

Dentro de un canal de equipo también puedes agregar *Planner* (ahora *Tareas)* como pestaña superior, creando un plan nuevo o enlazando uno ya existente.

 NOTA

En Teams personal, esta integración con *Planner/Tareas* no está disponible. Solo puedes usar *Microsoft To Do* como *app* aparte para listas de tareas.

 ACTIVIDAD COMPLEMENTARIA

4. Explora cómo se integran en Microsoft Teams aplicaciones que ya usas a diario, como *Outlook, OneNote* y *Planner.* Estas integraciones permiten centralizar reuniones, notas y tareas en un mismo entorno. Después, responde a las siguientes cuestiones:

   · ¿Qué ventajas tiene programar reuniones de *Outlook* con la opción Teams *Meeting* activada?
   · ¿Para qué sirve la pestaña **Notas** de *OneNote* en los canales de Teams?
   · ¿Qué posibilidades ofrece *Planner* al integrarse en Teams?

---

3. Automatización de tareas y flujos de trabajo

 **HILO CONDUCTOR**

Mikel empieza a experimentar con *Power Automate* para simplificar tareas repetitivas. Belinda, por su parte, crea un formulario en *Microsoft Forms* que se conecta con Teams y genera avisos automáticos para el equipo docente cada vez que un alumno lo completa. Con estas automatizaciones, logran reducir la carga de trabajo manual y ganar tiempo para lo realmente importante: enseñar y coordinar.

La integración de *Power Automate* con Microsoft Teams y otras aplicaciones de *Microsoft 365* permite reducir tareas repetitivas y mejorar la coordinación. A continuación, se presentan algunos ejemplos de automatización.

3.1. Avisos al guardar archivos en *SharePoint*

Se puede crear un flujo automático que se active cada vez que se guarda un archivo nuevo en *SharePoint.* Este flujo envía un mensaje al canal de Teams mediante el conector **Enviar un mensaje en un chat o canal,** ya sea como *flow bot* o en nombre del usuario, e incorpora texto y enlaces para informar al equipo sobre la nueva incorporación.

A continuación, se explica cómo configurar paso a paso esta automatización:

1. Abre *Power Automate* y selecciona **Crear** para iniciar un nuevo flujo automatizado.
2. Elige como disparador **Cuando se crea un archivo (propiedades únicamente)** de *SharePoint.* Configura el sitio y la biblioteca de documentos en los que se almacenan los archivos que deseas monitorizar.
3. Añade una acción de Microsoft Teams, concretamente **Enviar un mensaje en un chat o canal.**
4. Elige si el mensaje se enviará como *flow bot* o en tu nombre. Selecciona el equipo y canal donde quieres que llegue la notificación.
5. Escribe el texto del aviso; puedes incluir variables dinámicas, como el nombre y el enlace del archivo, para que los destinatarios accedan directamente.
6. Guarda el flujo y pruébalo cargando un archivo en la biblioteca de *SharePoint* configurada; el canal de Teams debería recibir el mensaje automáticamente.

3.2. Notificaciones de formularios

Un formulario diseñado en *Microsoft Forms,* por ejemplo, para recoger opiniones, puede conectarse a Teams mediante *Power Automate.* Así, cuando alguien envía una respuesta, el equipo correspondiente recibe una notificación automática en Teams.

NOTA

Esta integración ayuda a centralizar los flujos de trabajo y a ahorrar tiempo al enviar avisos y actualizar datos en tiempo real.

A continuación, se explica cómo configurar paso a paso las notificaciones de formularios:

1. Crea un formulario en *Microsoft Forms* con las preguntas que necesites.
2. En *Power Automate,* selecciona **Crear** y escoge un flujo automatizado con el disparador **Cuando se envía una nueva respuesta** *(Microsoft Forms).* Selecciona el formulario que has creado.
3. Añade la acción **Obtener detalles de la respuesta** para recuperar las respuestas del formulario.
4. Agrega otra acción de Teams: **Enviar un mensaje en un chat o canal.** Selecciona el equipo y canal donde quieres notificar al grupo.
5. Personaliza el mensaje con la información relevante de la respuesta (por ejemplo, nombre del encuestado o resumen de las respuestas).
6. Guarda y activa el flujo. A partir de ahora, cada vez que alguien envíe el formulario, el canal de Teams recibirá una notificación con los detalles.

3.3. Otras automatizaciones

Power Automate también permite programar recordatorios de entrega de tareas, archivar correos en *OneNote* o vincular tareas de *Planner* con eventos del calendario de *Outlook,* ampliando las posibilidades de gestión y organización.

EJEMPLO

Recordatorios de entrega de tareas: crea un flujo programado con el disparador **Recurrencia** (por ejemplo, diario). Añade la acción **Obtener tareas de**

Continúa en página siguiente >>

<< Viene de página anterior

Planner, filtra las tareas con fecha de vencimiento próxima y envía recordatorios mediante Teams o correo electrónico a los responsables.

Archivar correos en *OneNote:* usa el disparador **Cuando se marca un correo como importante** o **Cuando llega un correo nuevo *en Outlook.*** A continuación, emplea la acción de *OneNote* **Crear página** o **Agregar contenido a una página** para archivar automáticamente el contenido del correo en un bloc de notas específico.

Vincular tareas de *Planner* con eventos de *Outlook:* configura un flujo que se active cuando se crea una tarea en *Planner;* añade una acción **Crear evento en el calendario de Outlook** para agendar la fecha de vencimiento. También puedes hacer lo contrario: cuando se cree un evento en *Outlook,* usar una acción de *Planner* para generar una tarea y asignarla a la persona adecuada.

---

4. Gestión de permisos, accesos y seguridad

☞ HILO CONDUCTOR

Con cada vez más usuarios en la plataforma, surge la necesidad de garantizar la seguridad de los datos. Belinda se preocupa por la privacidad de la información del alumnado, mientras que Mikel revisa las opciones de permisos y roles en Teams.

Teams permite crear canales privados donde solo los miembros invitados pueden ver conversaciones y archivos. Los ficheros de estos canales se almacenan en una biblioteca separada de *SharePoint,* lo que ayuda a aislar la información confidencial.

En cada equipo, las personas pueden tener rol de propietario, miembro o invitado:

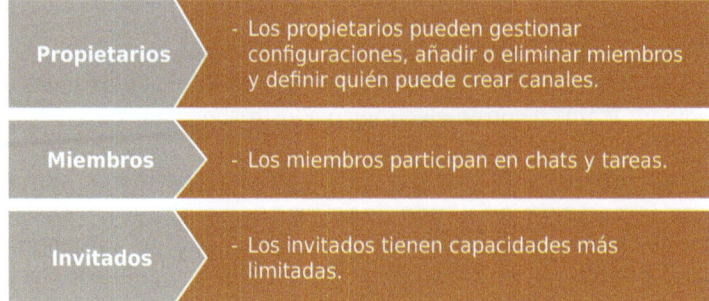

Para proteger las cuentas, Teams aprovecha la autenticación multifactor de *Microsoft 365.* Se puede habilitar de forma predeterminada con las configuraciones de seguridad en el portal de *Azure* o activar el MFA por usuario en *Microsoft Entra* (antes *Azure AD).*

 **IMPORTANTE**

Aunque la obligatoriedad de MFA se dirige principalmente a los portales de administración, se recomienda usarla también para el acceso a Teams.

- -

Para habilitar la autenticación multifactor (MFA) en modo **Por usuario** desde *Microsoft Entra ID,* puedes seguir estos pasos básicos:

- **Acceder al portal.** Inicia sesión en el portal de administración de *Microsoft Entra* con una cuenta que tenga privilegios de administrador.
- **Habilitar los métodos de autenticación.** Navega a **Protección** → Métodos de autenticación → **Directivas** y comprueba que los métodos que quieras que usen los usuarios (como la aplicación autenticadora, SMS o correo electrónico) estén habilitados.
- **Ir a la configuración de MFA por usuario.** Vuelve al menú y dirígete a **Identidad** → **Usuarios** → **Todos los usuarios.** En la parte superior selecciona **Per user MFA** para abrir la página de configuración de MFA por usuario.
- **Seleccionar usuarios y habilitar MFA.** Marca las casillas de los usuarios a los que quieras aplicar MFA y haz clic en **Enable MFA.** Confirma la habilitación cuando te lo solicite. Con esto, su estado pasará de Disabled a Enabled.

⮕ **Aplicar la exigencia de MFA.** Una vez habilitados, selecciona de nuevo los usuarios y pulsa **Enforce MFA** para obligarles a completar el registro de MFA la próxima vez que inicien sesión. Tras aplicarlo, el estado aparecerá como Enforced.

 TAREA 4

Con el crecimiento del equipo en Microsoft Teams, Mikel y Belinda quieren reforzar la seguridad. Belinda se preocupa por proteger la información sensible del alumnado, mientras que Mikel revisa las opciones de permisos y accesos. Han decidido crear un canal privado para documentos confidenciales y asegurarse de que todas las cuentas utilicen autenticación multifactor.

Tu tarea es ayudarlos a configurar la seguridad en Teams siguiendo estos pasos:

a. Crear un canal privado en un equipo de prueba e invitar únicamente a un grupo reducido de personas.
b. Revisar los roles del equipo (propietario, miembro, invitado) y comprobar qué permisos tiene cada uno.
c. Habilitar la autenticación multifactor (MFA) para un usuario desde el portal de *Microsoft Entra ID.*

5. Grabación, exportación y compartición de contenidos

 HILO CONDUCTOR

Al finalizar las clases y reuniones, Belinda propone grabarlas para que los estudiantes puedan consultarlas después. Mikel configura Teams para que las grabaciones se almacenen automáticamente en *OneDrive* o *SharePoint,* lo que facilita su organización y acceso. Además, aprenden a exportar las grabaciones y a compartirlas mediante enlaces protegidos, asegurándose de que solo los destinatarios autorizados puedan acceder.

Las grabaciones de reuniones se guardan automáticamente en *OneDrive* o *SharePoint,* dependiendo del tipo de reunión.

Si es una reunión de canal, la grabación se guarda en la carpeta Recordings del canal; si es una reunión privada o personal, se almacena en la carpeta Recordings del organizador en *OneDrive.*

Para compartir la grabación, ir a **Archivos → OneDrive** dentro de Teams, abrir la carpeta Recordings y seleccionar el archivo. Desde allí es posible generar un enlace protegido que restringe el acceso a personas específicas o al alumnado en general.

 **NOTA**

Además de vídeo, Teams permite exportar listas de asistentes y chat de la reunión en formatos descargables. Esto ayuda a llevar un registro de la participación y facilita la elaboración de actas.

 APLICACIÓN PRÁCTICA

Las grabaciones en Teams se guardan automáticamente en *OneDrive* o *SharePoint,* según el tipo de reunión, y se pueden compartir mediante enlaces protegidos.

¿Cuál de las siguientes opciones describe una buena práctica para gestionar grabaciones en Teams?

a. **Guardar las grabaciones únicamente en el ordenador personal del organizador y compartirlas a través de memorias USB o correos masivos.**
b. **Permitir que cualquier participante descargue y comparta las grabaciones sin restricciones de acceso ni protección de enlaces.**
c. **Confiar en que Teams almacena automáticamente las grabaciones en *OneDrive* o *SharePoint,* acceder a la carpeta Recordings y generar enlaces protegidos para compartirlas con personas autorizadas.**

Continúa en página siguiente >>

<< Viene de página anterior

d. Evitar el uso de grabaciones en Teams y pedir a los asistentes que tomen notas manualmente para distribuirlas después por correo electrónico.

Solución

La opción c) es la correcta porque refleja el funcionamiento real de Teams: las grabaciones se almacenan en *OneDrive* o *SharePoint,* lo que facilita su gestión, y se comparten de forma segura mediante enlaces protegidos.

 TAREA 5

Para mejorar la accesibilidad del alumnado, Belinda propone grabar todas las clases y reuniones en Teams, de forma que puedan consultarse en cualquier momento. Mikel se encarga de configurar las opciones para que las grabaciones se guarden automáticamente en *OneDrive* o *SharePoint,* según el tipo de reunión. Además, ambos quieren aprender a generar enlaces protegidos para compartir los vídeos únicamente con las personas autorizadas y a exportar el listado de asistentes para elaborar actas.

Tu tarea es ayudarles a completar estas acciones:

a. Grabar una reunión de prueba en Teams.
b. Localizar la grabación en *OneDrive* o en la carpeta del canal correspondiente en *SharePoint.*
c. Generar un enlace protegido para compartirlo con el alumnado.
d. Exportar el listado de asistentes y el chat de la reunión.

---

6. Resumen

La integración de Microsoft Teams con *Outlook, OneNote* y *Planner* centraliza la organización de reuniones, documentación y tareas.

Power Automate y *Microsoft Forms* automatizan flujos de trabajo y eliminan tareas repetitivas. Además, la gestión de permisos, accesos y seguridad protege la información sensible mediante roles, canales privados y autenticación multifactor.

Por su parte, las grabaciones y exportaciones garantizan que los contenidos estén siempre disponibles y accesibles de forma controlada.

En este sentido, las áreas clave son:

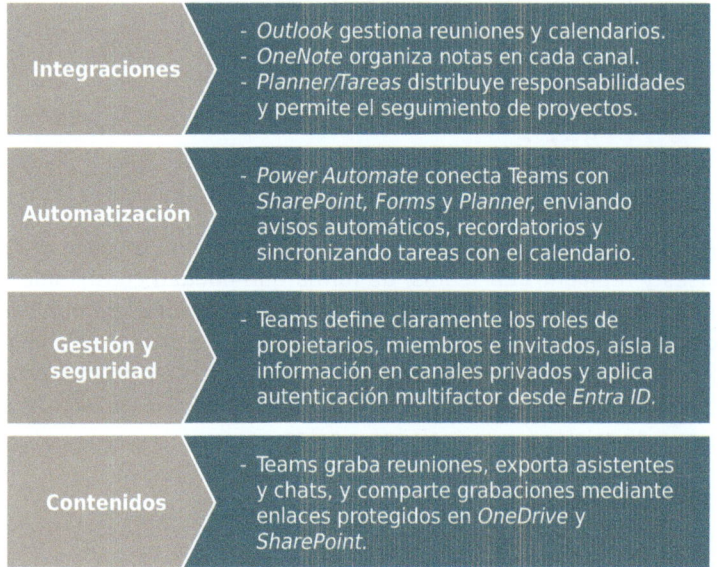

Integraciones
- *Outlook* gestiona reuniones y calendarios.
- *OneNote* organiza notas en cada canal.
- *Planner/Tareas* distribuye responsabilidades y permite el seguimiento de proyectos.

Automatización
- *Power Automate* conecta Teams con *SharePoint, Forms* y *Planner,* enviando avisos automáticos, recordatorios y sincronizando tareas con el calendario.

Gestión y seguridad
- Teams define claramente los roles de propietarios, miembros e invitados, aísla la información en canales privados y aplica autenticación multifactor desde *Entra ID.*

Contenidos
- Teams graba reuniones, exporta asistentes y chats, y comparte grabaciones mediante enlaces protegidos en *OneDrive* y *SharePoint.*

Al trabajar con Microsoft Teams es recomendable aplicar una serie de buenas prácticas que hacen la gestión más fluida y segura.

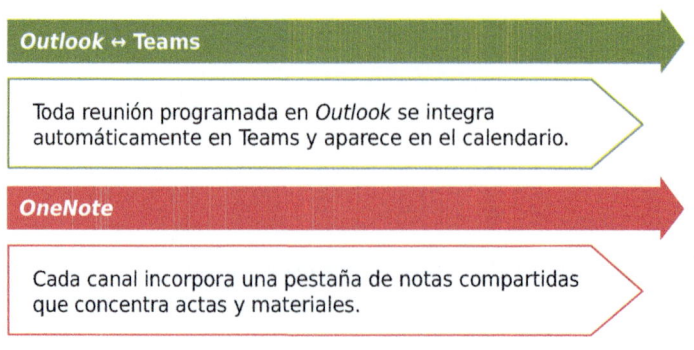

Outlook ↔ Teams

Toda reunión programada en *Outlook* se integra automáticamente en Teams y aparece en el calendario.

OneNote

Cada canal incorpora una pestaña de notas compartidas que concentra actas y materiales.

Continúa en página siguiente >>

<< Viene de página anterior

Planner/Tareas

Los proyectos se organizan con planes y tareas asignadas, que generan notificaciones en tiempo real.

Automatización

Un archivo en *SharePoint* puede generar avisos en Teams, los formularios en *Forms* lanzan notificaciones y las tareas de *Planner* se sincronizan con *Outlook*.

Seguridad

La autenticación multifactor protege las cuentas y los permisos se asignan con precisión.

Grabaciones

Las reuniones se guardan en la nube, con posibilidad de exportar datos de participación y compartir enlaces con control de acceso.

Ejercicios de autoevaluación
Unidad de Aprendizaje 3

1. ¿Qué ventaja ofrece integrar *Outlook* en Microsoft Teams?

    a. Permite que las invitaciones incluyan automáticamente el enlace de acceso a la reunión de Teams y que se sincronicen ambos calendarios.
    b. Impide crear reuniones desde la aplicación de escritorio.
    c. Bloquea la opción de añadir participantes externos.
    d. Hace que solo se puedan programar reuniones desde el móvil.

2. ¿Para qué sirve la pestaña de *OneNote* en los canales de Teams?

    a. Para almacenar exclusivamente correos electrónicos archivados.
    b. Para sustituir a las antiguas *wikis* y centralizar notas, actas y materiales con edición colaborativa.
    c. Para enviar mensajes automáticos a todos los miembros del equipo.
    d. Para programar reuniones periódicas desde *Outlook*.

3. ¿Qué utilidad principal aporta la integración de *Planner* (Tareas) en Teams?

    a. Garantizar espacio de almacenamiento ilimitado en *OneDrive*.
    b. Centralizar tareas personales y de equipo, asignar responsables y facilitar la coordinación.
    c. Exportar las grabaciones de reuniones en formatos descargables.
    d. Desactivar las notificaciones de cambios en proyectos.

4. ¿Qué herramienta permite automatizar flujos de trabajo en Teams, como notificaciones o recordatorios?

    a. *Microsoft Word*
    b. *Power Automate*
    c. *OneNote*
    d. *SharePoint*

5. **¿Qué diferencia existe entre un canal estándar y un canal privado en Teams?**

    a. Los canales privados solo permiten chat de texto, sin archivos ni videollamadas.

    b. Los canales privados son visibles para todo el equipo, pero con permisos limitados.

    c. Los canales privados restringen el acceso a un grupo específico de miembros y almacenan archivos en una biblioteca separada de *SharePoint*.

    d. Los canales estándar se eliminan automáticamente cada mes.

6. **¿Qué medida de seguridad se recomienda habilitar en las cuentas de Teams para proteger el acceso?**

    a. Eliminar automáticamente todos los mensajes antiguos.

    b. Autenticación multifactor (MFA)

    c. Desactivar las notificaciones de actividad.

    d. Compartir contraseñas en un canal privado.

7. **¿Dónde se almacenan las grabaciones de reuniones en Teams?**

    a. En el ordenador personal del organizador

    b. En *OneDrive* (para reuniones privadas) o en *SharePoint* (para reuniones de canal)

    c. Únicamente en *Microsoft Forms*

    d. En la memoria caché del navegador

8. **¿Qué buena práctica conviene seguir al compartir grabaciones en Teams?**

    a. Generar enlaces protegidos y restringir el acceso a personas autorizadas.

    b. Permitir descargas sin restricciones a todos los participantes.

    c. Enviar copias por correo masivo a toda la organización.

    d. Guardarlas en dispositivos externos como USB.

9. Indica si las siguientes oraciones son verdaderas o falsas:

a. La integración con *Outlook* permite que las reuniones programadas se sincronicen automáticamente en Teams.

- ■ Verdadero
- ■ Falso

b. La pestaña de *OneNote* en Teams solo sirve para usuarios de cuentas personales *(Outlook.com)*.

- ■ Verdadero
- ■ Falso

c. *Planner,* ahora integrado como Tareas en Teams, centraliza tanto tareas personales como de equipo.

- ■ Verdadero
- ■ Falso

10. Indica si las siguientes oraciones son verdaderas o falsas:

a. El rol de propietario en un equipo de Teams permite gestionar configuraciones, añadir o eliminar miembros y definir permisos.

- ■ Verdadero
- ■ Falso

b. La autenticación multifactor (MFA) puede aplicarse por usuario desde *Microsoft Entra ID.*

- ■ Verdadero
- ■ Falso

c. Todas las grabaciones en Teams se guardan exclusivamente en *OneDrive,* sin importar el tipo de reunión.

- ■ Verdadero
- ■ Falso

Glosario

Canal
Subdivisión dentro de un equipo que permite organizar las conversaciones y los contenidos por temas específicos o áreas de trabajo.

Chat
Función que permite enviar mensajes instantáneos entre personas o grupos, tanto dentro como fuera de los equipos.

Equipo
Grupo de usuarios reunidos en un espacio virtual para colaborar, compartir archivos y comunicarse sobre proyectos o tareas comunes.

Mención (@)
Forma de destacar a un usuario o grupo en una conversación, mediante el envío de una notificación directa para llamar su atención.

OneDrive
Almacenamiento personal en la nube que se conecta con Teams para subir, compartir y acceder a archivos desde cualquier dispositivo.

Pestañas
Elementos que se añaden a los canales para integrar aplicaciones, documentos o enlaces útiles que se consultan con frecuencia.

Planner
Herramienta integrada que facilita la gestión de tareas, la asignación de responsabilidades y el seguimiento del progreso dentro de los equipos.

Reunión
Encuentro digital que puede incluir vídeo, audio y pantalla compartida, ideal para clases, presentaciones o sesiones de trabajo.

Salas de grupos *(breakout rooms)*
Espacios separados dentro de una reunión principal, pensados para dividir a los participantes en pequeños grupos de discusión o trabajo.

SharePoint
Servicio que se encarga de almacenar y administrar los documentos compartidos en Teams, permitiendo así un acceso colaborativo y seguro.

Bibliografía

Monografías

→ Fernández, I.: *Microsoft Teams y Outlook juntos: Maximizar la productividad (Office 365/Microsoft 365)*. [s. l.]: LinkedIn, 2020.

Este libro constituye una guía completa para potenciar la productividad mediante el uso combinado de Microsoft Teams y *Outlook.* Su enfoque es totalmente práctico: enseña de manera progresiva cómo aprovechar al máximo las opciones de colaboración que ofrecen estas aplicaciones cuando se integran entre sí. Es un recurso diseñado para convertir el uso conjunto de *Outlook* y Teams en un ecosistema de colaboración fluido, ahorrando tiempo y centralizando tareas en un mismo lugar.

→ Tavera, A.: *Aplicaciones informáticas.* Ciudad de México: Glat Entertainment, 2024.

Este libro ofrece una visión integral de las principales herramientas informáticas utilizadas en entornos académicos y profesionales, explicadas de forma progresiva y didáctica. Incluye desde conceptos básicos de ofimática y sistemas de información hasta el uso práctico de aplicaciones colaborativas modernas. El libro incorpora un apartado dedicado a Microsoft Teams, donde se enseña a crear equipos, gestionar canales, compartir archivos y coordinar reuniones virtuales, integrando estas funciones con otras aplicaciones de *Microsoft 365.* El resultado es un manual que facilita el desarrollo de competencias digitales completas, preparando al lector para trabajar de manera eficiente y colaborativa en entornos híbridos y conectados.

Textos electrónicos

→ Guía Microsoft Teams, de:
<https://serviciosgate.upm.es/gate/sites/default/files/2023-03/Guia_Teams.pdf>.

Este documento presenta de forma clara qué es Teams y cuáles son sus principales utilidades para el trabajo colaborativo. Explica la pantalla de inicio, las funciones de búsqueda y de actividad para mantenerse al día con notificaciones y menciones. Detalla el uso del chat para conversaciones privadas o en grupo y dedica un apartado amplio a la gestión de equipos, mostrando cómo crearlos, administrarlos, agregar y quitar miembros, gestionar canales, editar la configuración y obtener vínculos de acceso.

También incluye instrucciones sobre el uso de pestañas en los canales, lo que facilita la integración de archivos y aplicaciones dentro de los espacios de trabajo. Todo el contenido está organizado en pasos sencillos y visuales, pensado para que estudiantes y personal puedan empezar a utilizar Teams de forma rápida y efectiva.

→ Microsoft Teams: Manual de uso, de:
<https://www.ucm.es/data/cont/media/www/faq/31//TutotialTEAMS_v2_0.pdf>.

Este documento explica qué es Microsoft Teams, sus funciones básicas (como actividad, chat, equipos, calendario, llamadas y archivos), cómo realizar tareas como crear un equipo, usar canales, comenzar conversaciones, compartir documentos, crear tareas y organizar reuniones o videollamadas. También incluye trucos útiles, cómo gestionar el perfil de usuario, ajustar la configuración de la aplicación, y enlaces para ampliar conocimientos mediante cursos gratuitos de *Microsoft*.